谷园

著

谷园 讲 通 鉴

战国简史

民主与建设出版社
· 北京 ·

图书在版编目 (CIP) 数据

战国简史 / 谷园著 . -- 北京：民主与建设出版社，
2022.9

ISBN 978-7-5139-3950-8

Ⅰ . ①战… Ⅱ . ①谷… Ⅲ . ①中国历史—战国时代—
通俗读物 Ⅳ . ① K231.09

中国版本图书馆 CIP 数据核字 (2022) 第 163310 号

战国简史
ZHANGUO JIANSHI

著　者	谷　园	
责任编辑	王　倩	
封面设计	昇一设计	
出版发行	民主与建设出版社有限责任公司	
电　话	（010）59417747　59419778	
社　址	北京市海淀区西三环中路 10 号望海楼 E 座 7 层	
邮　编	100142	
印　刷	三河市龙大印装有限公司	
版　次	2022 年 9 月第 1 版	
印　次	2023 年 1 月第 1 次印刷	
开　本	710 毫米 ×1000 毫米　　1/16	
印　张	14.5	
字　数	155 千字	
书　号	ISBN 978-7-5139-3950-8	
定　价	59.80 元	

注：如有印、装质量问题，请与出版社联系。

历史是生活的老师

本来计划只写八本国学励志书，分别是关于曾国藩和"四书"、《易经》、"黄老"、《庄子》、《韩非子》、《史记》、《资治通鉴》的。要把这些最重要的国学经典的"老酒"装进励志书的新瓶子，接上地气，让普通老百姓能看得懂、学得会，我就算功德圆满了，既为往圣继绝学，又开创了一个新的图书门类——国学励志。

按照这个计划，在写完《吃透曾国藩》《人生四书》《简易经》之后，接着开始写道家的黄老。写到十几万字时，我感觉得调整一下。因为道家出于史官，道家的理念得用历史来验证和支撑，如果没写过历史方面的书，一上来就写道家，会显得很单薄，无法让人信服。

于是，我把计划中对于《资治通鉴》的解读提前了。之所以不是《史记》，是因为王立群讲《史记》比较有名，易中天讲《三国》也比较有名，但目前还没人讲《资治通鉴》比较有名，我希望自己能是那个人。

待我写了四十多万字的书稿，写到了南北朝，还剩四十多万字就可以写完时，我开始担心这么厚的书出版后没人买怎么办。于是我改变了计划，开始去做视音频。

后来在黄骅广播电视台的支持下，有了这个中国首档国学励志脱口秀节目《谷园讲通鉴》。现在您拿在手中的这本书，就是由我反复修改后的终极文字版。我先前写的四十多万字的初稿风格非常简洁，适合出书，而不适合演播，因此我在做节目时推倒了初稿重写了演播稿，现场录制时还进行了调整；录完节目制作时还做了少量修订，时不时插入个"谷园补白"；然后从节目还原成书稿的形式，又费了很大的功夫；最后按出版标准，编辑还要再次进行修订。

在这个艰苦的过程中，内容更加严谨，同时我的计划又变了，我的想法也更多了。

本来我只计划把《资治通鉴》里精华、精彩的思想和故事从头到尾串下来，让内容生动精彩。可是，一旦做成节目，一期期地播放，我就希望每一期节目的内容都是越丰富越好、越生动越好、越有思想越好、越准确越好。

于是，很自然地，内容不再局限于《资治通鉴》，而是着眼于《史记》等第一手史料，以及相关的各种国学经典。本书则会成为一个讲述的框架、一个筐。您会看到，其中有很多直接引用文言文的地方，标注的是《史记》中的出处。直到汉武帝之前的内容，也都会如此，我把大半部《史记》都装进了这个筐里。

以第一部《战国简史》来讲，其中有不少内容是从《战国策》

里节选的。在讲到吕不韦和韩非子时，还花了很多工夫讲《吕氏春秋》和《韩非子》，即把这三部经典中的精彩思想也都装进了这个筐里。

英国哲学家柯林伍德有句名言：一切历史都是思想史。我就是在讲一部有思想的历史。

这也正是中国传统的历史观。中国史家的宗师是孔子，孔子作《春秋》为的是微言大义，建立中国人的价值传统。司马迁著《史记》为的是究天人之际，通古今之变。司马光编《资治通鉴》为的是教授皇帝如何治国平天下。二十四史不是人物事件的罗列，不是故事会，而是中国人曾经的思想、智慧和精神的总结。借用曾国藩的话来讲就是：经济之学，诸史咸备。历史是经世济人的思想学问。

意大利的克罗齐讲：一切历史都是当代史。中国人爱讲"以史为鉴"。把历史当镜子，照见的肯定是当下的自己。立足当下，既是研究历史的态度，又是讲历史的手段。我会尽量多地把当下的元素，包括热门的人物、事件、电影，甚至段子，也都装进这个筐里，让历史变得更加亲和、生动。

其实，历史本来离我们也不远，秦皇汉武踩过的大地，仍然在我们脚下。很多表面的东西可能变了，然而更多本质的东西却都没变。

克罗齐还讲过一句话：历史是生活的老师。

这与我的国学励志理念十分契合。历史包含着海量的人生经验，教给我们怎样思考和解决生活所面临的各种问题。

以我自己为例，我是小城中的一个小人物，像上蔡的李斯一样，过着平凡的日子，揣着伟大的梦想。

李斯是怎样追求梦想，实现人生价值的呢？他先是学习，拜荀子为师，努力提高自己的学识；然后到了更高的平台边继续学习，边等待机会；待机会到时，他凭能力抓住了机会，就成功了。

我也可以这样，为了生计努力工作的同时，坚持学习。互联网就是一个更高的平台，我把书和节目搬上了互联网，在这个平台上继续努力。

最后，再打两句小广告。

一是宣传我的国学励志理念的：

激励精神、广求智慧，让国学经典接地气。

二是宣传《谷园讲通鉴》的：

最牛的人、最酷的事儿、最经典的智慧、最极致的精神，上下千年、生死兴衰，尽在《谷园讲通鉴》。

谷　园

2022年2月

目 录
contents

⊙隰斯弥让砍树又不让砍树，是何道理

第一回　三家分晋与多方博弈

　　司马光的《资治通鉴》没有序言和铺垫，开篇就用一句话讲述了中国历史上一个划时代的重要事件：

　　初命晋大夫魏斯、赵籍、韩虔为诸侯。

（出自《资治通鉴·周纪一》）

　　也就是说，公元前403年，周烈王册封晋国的大夫魏斯、赵籍、韩虔为诸侯，把春秋时期最强大的晋国一分为三，成为魏国、赵国、韩国，史称"三家分晋"。

　　中国由此进入了战国时代。这三个新的诸侯国，全部跻身"战国七雄"之列，都成为大时代的主角。"战国七雄"即秦、楚、燕、韩、赵、魏、齐。这也足见之前的晋国是多么强大。

　　那么，这个强大的晋国为何会被三个大夫给瓜分了呢？

　　冰冻三尺，非一日之寒。"三家分晋"的前奏有两百多年，早在晋文公时，韩、赵、魏三家就是晋国的大家族，当然还有一些其他的家族也很强。这些家族之间互相倾轧争斗，同时不断架空君主，到公元前458年，晋国就只剩下了四大家族，即韩、赵、魏和更强大的智氏家族。

智氏家族的宗主被称为智伯。司马光认为：

德胜才谓之君子，才胜德谓之小人。

（出自《资治通鉴·周纪一》）

智伯就是这样一个"才胜德"的小人。他的才能有余，表现在哪里呢？在智伯争取家族继承权时，曾有人分析过，他有五大优点：一是，胡子长得漂亮，人长得帅；二是，射箭驾车的技术好；三是，多才多艺；四是，文章和口才都很好；五是，有魄力。

他的德行不足，表现在哪里呢？主要表现在以下两方面。

一是傲慢。不拘小节，不把得罪人当回事，常常是逮着谁就把谁挖苦、取笑一通。为此，手下人曾提醒他：

君子能勤小物，故无大患。

（出自《资治通鉴·周纪一》）

做人要注意细节，小事上也要多加小心，这样才不会有大的祸患。你欺负人家，就得防备人家报复，蚊子、马蜂都能害人，更何况豪强人物？智伯对此却不以为然。

二是贪婪。仗势欺人，他仗着智家的实力强于韩、赵、魏三家，就跑去跟这三家要地盘，若其他家不给，就会被他斩尽杀绝。最终，智家的行为引起了众怒。

在这个过程中，智家与韩、赵、魏三家的博弈，可以作为处理各种层面的多边关系的参考。

　　智伯先去找韩家要地，韩家这样盘算：如果我不给，他就会带兵打我，我打不过的话损失会更大；如果给他一块地，他得了地之后，肯定还会找别家要地，到时若有哪家不给，打起来后，我再伺机而动。

　　于是，韩家给了地。

　　然后，智伯又去找魏家要地，魏家心里恨得慌，却想到：

　　周书曰：将欲败之，必姑辅之，将欲取之，必姑与之。

（出自《资治通鉴·周纪一》）

　　这句话是说，要想打败他，就得先顺从他；要想夺取他的利益，就得先给他好处。魏家索性给他地，让他骄狂，然后等着看他倒霉。于是，魏家也给了地。

　　最后，智伯又来找赵家。赵家没这么多想法，坚决不给地。于是，对方开战。

　　此时，赵家的宗主是赵襄子，是个很了不起的人，他取得家族继承权的故事很有意思。

　　赵襄子的父亲赵简子要在两个儿子中间选立继承者，两个儿子都不错，赵简子不知道该立哪个为继承者。于是，他在两片竹简上写了几句家训，分别送给两个儿子，吩咐他们要好好学习。然后，他就再也没提起过这件事。

　　直到三年后的某一天，他把两个儿子叫到身边，来了个抽查。他说，我之前给你们的家训都学习得怎样了？结果，大儿子不但想不起家训的内容，还把那个竹简给弄丢了。小儿子不但能把家训倒背如流，而且还从袖子里把那个竹简拿了出来。于是，小儿子赵襄子就成了继承者。

这个故事后来被篡改成了曾国藩的一段经历。某天晚上，皇帝突然召见曾国藩。曾国藩急赴宫中，被值班太监领至一房间等候，等了很长时间后被告知，皇帝今晚不召见他了。曾国藩觉得蹊跷，就去找恩师穆彰阿请教。

穆彰阿久经宦海，他问：那个房间里有何特殊之物？

曾国藩答：只挂着几副对联，但我心中着急，未能注意对联的内容。

穆彰阿派人连夜给宫中太监送礼，并将对联内容抄回。

次日早朝，皇帝果然问及那副对联。曾国藩倒背如流。皇帝大悦，认定曾国藩是有心之人。曾国藩官场平步青云之路由此开始。

赵襄子跟智伯开打，根本打不过。怎么办？只好撤退。往哪儿撤退呢？

有人进言：咱们去长子吧。长子那个地方的城墙最厚、防御工事最完备。

赵襄子摇头：拉倒吧，就是为了修这个城墙，咱把那里的老百姓都累死了，现在去那里，谁能跟咱一条心啊？

又有人进言：咱们去邯郸吧，那里粮草储备最多。

赵襄子摇头：那里储备的粮草都是从老百姓身上搜刮而来的民脂民膏，那里的老百姓都恨不得杀了我，不能去！**要去只能去晋阳城，因为那里是咱们家族的兴起之地**，咱们委派到那里的官员还是很得民心的。

于是，赵襄子带人撤到晋阳，在晋阳与民同心，坚持抵抗智伯。

这时，智伯一边，不光有智家自己的军队，还挟持着韩、魏两家一起随军。这种情况下，赵家当然打不过智伯。眼看着晋阳城要被攻破了，赵襄子该怎么办呢？必须想办法去说服韩、魏两家，让他们临阵倒戈，与赵家一起反攻智伯。

如何说服他们呢？赵襄子告诉使者，你就给他们两家带上这一句话就行：

唇亡齿寒。

（出自《资治通鉴·周纪一》）

赵家要是完了，接下来要完的就是你们两家！

正所谓，请将不如激将。韩、魏两家都明白这个唇亡齿寒的道理。于是，三家联手一举灭了智伯。

故事至此还没完。在司马光眼中，智伯是一个才胜德的小人，而在另一个人眼中，他却是对自己有知遇之恩的君子。这个人就是智伯的门客豫让。

豫让要为智伯报仇，刺杀赵襄子。可惜，刺杀了两次，都没有成功。

第一次，豫让躲在厕所里，等赵襄子上厕所时刺杀他，之后刺杀失败被抓住。赵襄子认为豫让这是义士之举，把他给放了。

第二次，豫让漆身为癞，即用化学品把皮肤都给腐蚀了，吞炭为哑，即把自己的口腔、喉咙烫坏变成了哑巴，然后躲在一座桥下伺机刺杀赵襄子。

结果，赵襄子过桥时，他的马无故而惊。赵襄子下令搜查，又把豫让抓了。这一次，**赵襄子脱下衣服来，让豫让砍了三刀，遂了他的心愿，然后将豫让杀了**。至今，邢台市仍有个叫作"豫让桥"的地方，可见中国人对这种侠义精神的推崇。

第二回　魏文侯如何聚拢英才

　　赵、魏、韩三家灭了智伯之后，他们孙子辈的赵籍、魏斯、韩虔又瓜分了晋国，这三位在历史上分别被称为：赵烈侯、魏文侯、韩景侯。其中，魏文侯最了不起，他带领魏国迅速崛起，他的身边还聚集了众多文武英才，包括孔子的得意门生子夏、法家的开创者李悝（kuī，也被叫作李克），还有名将乐羊、吴起，以及名臣西门豹等。

　　魏文侯之所以能崛起，靠的是什么？

　　主要是因为他得人，即得到人才和得到人心。

　　魏文侯是如何做到得人心的？

　　《资治通鉴》中有一个例子是这么讲述魏文侯的：

　　每过段干木之庐必式。

　　　　　　　　　　　　　　　　　　　（出自《资治通鉴·周纪一》）

　　段干木是一位有名的贤者，魏文侯请他出来做官，他不肯。怎么办呢？好办，既然你不来我手下做官，那我就上门去做你的学生。

　　于是魏文侯经常跑去段干木家请教问题。既然是请教问题，就不

能坐下请教，得站着，站得腿酸了，还得坚持。有时他坐车从段干木家门口经过，都要立即站起来向段干木家行注目礼。

正是因为魏文侯对段干木这么尊敬、这么有礼貌，向外界展现出了自己礼贤下士的姿态，所以各地的贤能之士都愿意来投奔他。

《易经》所谓：

以贵下贱，大得民也。

（出自《易经·屯卦》）

一个尊贵的人，却能放下身段，表现得比贫贱之人还要谦卑、低调，这样的人是可以获得民心的。

这也是道家智慧所强调的：

江海所以能为百谷之王者，以其善下之。

（出自《道德经》）

《资治通鉴》还强调了魏文侯的一个品质——守信。

有一天下着大雨，魏文侯与群臣饮宴时忽然起身说道：我得去郊外打猎了。

大臣们都很不理解：下这么大雨，又难得喝得这么开心，还打什么猎啊？

魏文侯说：我也不想去啊，可是我已经和虞人部落的首领约好了，不能爽约。

于是，冒雨而去。

作为一国国君，除了守信、不失信于人，还要敢于信任人，敢于授权，敢于"用人不疑，疑人不用"。

魏文侯派大将乐羊率军攻打中山国。这场战争打得很艰难，整整打了三年，终于把中山国打了下来。乐羊踌躇满志，自以为立了不世之功，一回来就向魏文侯邀官请赏。魏文侯则不动声色地扔给他一个大筐：你先看看这些东西再说吧。

乐羊一看，吓出了满头大汗。这满满一筐，都是些什么呢？都是告状信！告他这三年来挟兵自重、指挥失当、有谋反之心等，总之是给他罗列了各种各样的罪名。乐羊看着看着，扑通一声跪倒在地：此非臣之功，主君之力也。意思是，能打下中山国，不是我起了多大作用，而是全靠您的信任与支持啊！

关于用人，魏文侯还有一个很经典的故事。

魏文侯想在两个亲信大臣中选出一人来做丞相，于是向李悝请教：李先生，您不是说过这么一句话吗？

家贫思良妻，国乱思良相。

（出自《资治通鉴·周纪一》）

我们魏国现在充满忧患，我特别需要一位良相来辅佐，您觉得这俩人谁更合适呢？

李悝回答：

卑不谋尊，疏不谋戚。

（出自《资治通鉴·周纪一》）

卑微的人不给尊贵的人参谋事情，关系疏远的人不给人家参谋其亲戚之间的事情。以我的身份，不适合给您这样的建议。

魏文侯讲：先生临事勿让，不要推辞。

李悝依然不明说：这俩人谁更合适，这话我很难讲。不过我可以送给您一套识人之法。

居视其所亲，富视其所与，达视其所举，穷视其所不为，贫视其所不取，五者足以定之矣。

（出自《资治通鉴·周纪一》）

第一，**居视其所亲**，要看他平时与什么人亲近。

第二，**富视其所与**，他若是富有，要看他把钱花在什么地方。

第三，**达视其所举**，他若是高官，要看他举荐怎样的人。

第四，**穷视其所不为**，他若是不得志，要看他在坚守怎样的底线。

第五，**贫视其所不取**，他若是穷困，要看他不要什么。

使用这套识人之法，就可以得出明确的答案。

李悝的这套识人之法，也告诉了我们该怎样识人。例如，对于弱势群体、穷苦之人，我们要抱持同情之心，并适时给予救助，但如果一个人是因为好吃懒做而贫穷，那么对这样的人我们还应当同情他、帮助他吗？

再如，对于成功者我们应当尊重，但如果他的官是买来的，或是他的财富上沾着百姓的血，那这样的成功就一文不值。当然这些东西不会写在人的脸上，需要我们冷静地、耐心地去审视。

那魏文侯最终选了谁做丞相呢？这并不重要，重要的是魏文侯和李悝这段对话中所闪耀的智慧，我们领略了这些智慧就可以了。

魏文侯向李悝请教完后不久，又找李悝问他要不要收留、重用一个人。谁呢？吴起。

吴起最初是在鲁国做官，很有才能。有一年，齐国来攻打鲁国。鲁国国君本想任命吴起为大将军，带兵抗齐，可是考虑到吴起的老婆是齐国人，对他不太放心，故任命迟迟没有下达。**吴起太渴望这个施展才能的机会了，怎么办呢？他一咬牙、一狠心便把老婆给杀了**。然后他如愿以偿，当上将军带兵打败了齐国。

那么吴起通过杀了老婆来表明自己的立场，且又立了这样的大功，是不是从此就在鲁国官运亨通了呢？

没有。因为有人对国君讲，**以前吴起的母亲死了，他不奔丧，为此他老师曾参都跟他断绝了师徒关系**，现在他又为了当将军而杀老婆，真是残忍薄幸！这样的人禽兽不如，怎么能重用呢？不但不能重用，最好还要杀掉，避免养虎为患。

吴起只好逃离鲁国，投奔魏文侯。魏文侯问李悝：您看咱用不用他？

李悝讲：吴起贪而好色，但有古之名将的才能。至于用他还是不用他，您得自己拿主意。

李悝讲话太严谨了，既表达出了自己的观点，又一点责任也不承担。

魏文侯用不用吴起呢？用了，他任命吴起为将军。这体现了魏文侯用人的又一个特点，就是敢于用有争议的人，唯才是举。而吴起也不负所望，很快就带兵从秦国打下了五座城。秦国对此束手无策。

吴起做将军，他不是高高在上，而是跟最底层的士兵一样的吃穿，卧不设席，行不骑乘，亲自背着粮食和装备，与士兵们同甘共苦。某个士兵的伤口化脓了，吴起竟然亲自给他往外嘬脓。这位士兵的老母亲听说后大哭不止。她是被吴起感动了吗？不是，她哭是因为，之前她的丈夫也曾在吴起手下当兵，也曾负伤后被吴起嘬过脓，他感受到了莫大的知遇之恩，于是战不旋踵，最后战死了。她认为吴起这是在要她儿子的命啊。

吴起在魏国带兵十多年，战功卓著。

公元前387年，魏文侯薨。薨，就是死了的意思。《礼记》讲：

天子死曰崩，诸侯死曰薨，大夫曰卒，士曰不禄，庶人曰死。

（出自《礼记·曲礼》）

魏文侯死后，吴起继续辅佐他的儿子魏武侯。有一次，吴起与魏武侯乘船游览，看着大河两侧的崇山峻岭，魏武侯发感慨：

美哉，山河之固，此魏国之宝也。

（出自《资治通鉴·周纪一》）

多么壮美啊！有此险要山河，我们的国防才这么稳固啊，这是魏国之宝。

吴起没有随声附和，而是冷静回答：

在德不在险。

（出自《资治通鉴·周纪一》）

每个帝王都有山河之固，但无德政以得民心的都是死路一条。

由吴起此言可见，他也是重视德行的。也可见，他不但有军事才能，也有政治之才。但是，他一直不能当上魏国的丞相，为此，他很郁闷。

有一回，他跟新任丞相田文讲：咱俩比比谁的能耐大、功劳大，怎么样？

田文说：好啊，比吧。然后，吴起就一项一项列举。结果，论带兵打仗，论治理国家，论防御强国，田文都甘拜下风。

最后吴起问：那凭什么你的官比我大，让你当丞相，却不让我当呢？

田文一笑：这个道理很简单。伟大的魏文侯刚死，即位的魏武侯才这么年轻，他能很好地掌控这个国家吗？人们都在观望，很多野心家都在暗地里跃跃欲试，恨不得整出些事来。总之，政权很不安稳，充满了危机。在这种情况下，国君是用你这样有能耐的人放心呢？还是让我当丞相更放心呢？

吴起服气了。

不久后，让国君不放心的吴起，不但丞相当不成，连在魏国平平安安待下去都难，只好逃到了楚国。吴起在楚国得到楚悼王的重用，治国和带兵的才能都充分发挥了出来，使楚国成了强国。但是，他却遭到楚国贵族的忌恨。楚悼王刚死，吴起就被围攻、射死，尸体还被车裂。

吴起是《资治通鉴》里第一个功高盖主，但不被信任，下场很惨的典型人物。以后，还有很多天才步了他的后尘，成为凄厉绝唱。

纵观吴起的一生，很难用普通的才德标准来衡量这个人。总体而言，他似乎是一个才胜德的小人；但从带兵方面来说，他又显得很有德，以至于得士卒死力。那么，他有德的一面是装出来的吗？是一种功利的手段吗？这个还请读者自己分析吧。

公元前371年，魏武侯薨。在死之前，他犯了一个致命错误，是什么呢？就是**他在死前没有定下明确的接班人，也就是没有立太子**。于是他的两位公子为争夺君主之位大打出手，国内因此而大乱。其邻国韩国和赵国逮住这个机会，组成联军攻打魏国。魏国大败，并被邻国完全控制。

但是对于下一步如何处置魏国，赵、韩两国的国君产生了分歧。赵成侯想把这两个魏国公子，杀一个，立一个，然后割地而回。而韩懿侯则想把魏国一分为二，再让这两个魏国公子各自管理。最后，双方没有协商一致，各自退兵。最终，魏国的公子魏罃杀掉了他的兄弟，成为魏惠王。对此，司马光提出了一个重要观点：

> 君终，无适子，其国可破也。

（出自《资治通鉴·周纪一》）

国君死了，继承者没有提前明确，国家就会非常危险。这个道理对于当下家族企业的传承同样有启示作用。

接下来，魏惠王在位整整五十年。这五十年里，天下格局发生了巨变。

第三回　商鞅变法为何功成身败

魏惠王即位之后，天下格局发生了巨变。怎样的巨变呢？秦国崛起了。

就在魏惠王即位的第三年，魏、韩联军被秦国打败了。又过了两年，魏、赵、韩三国联军再次被秦国打败了，这次还是惨败，三国联军被秦军斩首六万！又过了两年，魏国又跟秦国单挑，还是被打败了。

此前魏文侯任用吴起时，不是压着秦国吗？怎么现在秦国这么厉害了呢？因为国君换了，现在的秦国国君是秦献公。

早期的秦国也曾很厉害，是春秋五霸之一，那是在秦穆公时期，公元前600多年时。秦穆公之后的国君则没有什么大的作为，整体国力一直被紧挨着的晋国压着。特别是秦献公之前的六七任国君，干得都不怎么样，使得秦国连续几十年动荡不安，国力衰弱。

到了秦献公这里，秦国终于开始扭转局面。可惜的是，在打了这几场漂亮的仗之后，公元前362年，秦献公薨了。他的儿子——

二十一岁的秦孝公即位。二十一岁，这是什么年龄？这是创业的年龄！秦孝公就是要全面重振300年前秦穆公的霸主之业。

创业需要什么？需要帮手，需要团队，需要人才！于是，公元前361年，刚即位一年的秦孝公就颁布了著名的"求贤令"，以招揽天下英才。这是史上最简短有力的一则招聘启事，只有一句话：

有能出奇计强秦者，吾且尊官，与之分土。

（出自《资治通鉴·周纪二》）

这里面有招聘岗位吗？有，"吾且尊官"，我给你高官之位，想当什么官随便挑。

有对应聘者的要求吗？有，你得"能出奇计强秦"，你得有创意，有点子，有思路，有战略，能帮我把秦国壮大起来。

有待遇吗？有，待遇太诱人了，"与之分土"，我给你一块封地。那土地不是论平方米给的，而是论平方千米给的，只要你工作干得好，那边几百平方千米的土地就归你了。

于是，牛人来了。谁呢？商鞅。

此时的商鞅还不叫商鞅，他叫卫鞅。他姓卫吗？不是，本来他叫公孙鞅。那么，他姓公孙吗？严格地讲，他是姬姓、公孙氏。他是卫国国君的庶孙，卫国的先祖是周武王姬发的亲弟弟，所以他是姓姬的。一个大姓下又分出好多支脉来，为了好区别，这些支脉又被称作某某氏。

《资治通鉴》里记载了一段子思与卫侯的交往。子思向卫侯举荐一个人，他认为这个人可以做将军。卫侯不以为然：我知道这个人有将帅之才，可是据说他偷吃过老百姓家里的两个鸡蛋，这样的人不能用吧？

子思哭笑不得地说：

圣人之官人，犹匠之用木也，取其所长，弃其所短。

（出自《资治通鉴·周纪一》）

圣明的君主任用官员，就像木匠选木料，取其所长，弃其所短。您若因为两个鸡蛋就放弃一个将帅之才，岂不是笑话？

卫侯弄了个大红脸，虽然嘴上承认子思说得有道理。可心里非常不高兴。

经过类似的几次交流之后，子思对卫侯彻底失望了。他跟朋友指出，卫国的毛病是：

君暗臣谄。

（出自《资治通鉴·周纪一》）

做君主的，"不察事之是非而悦人赞己"，不分是非，只喜欢听奉承。

做大臣的，"不度理之所在而阿谀求容"，不管对错，一味阿谀讨好。

子思还讲：

人主自臧，则众谋不进。

（出自《资治通鉴·周纪一》）

你作为领导者，如果自以为是，认为什么都是自己对，那么你有再多的谋士，他们有再好的建议，也是白搭，因为你根本听不进去。

总之卫国国力很弱。商鞅虽然是卫国国君的庶孙，但在卫国也看不到什么发展的希望，于是便去了魏国，做魏国丞相公叔痤的门客。他很有才能，很得公叔痤的欣赏。

这一年，公叔痤病重。魏惠王到家里来看望时问公叔痤：老丞相啊，您万一——病不起，谁还可以辅佐我啊？

公叔痤说：我推荐一个人——卫鞅，他年少而有奇才，有当丞相的能力。

魏惠王一撇嘴，有点不以为然。

公叔痤看在眼中，立即又说：**您要是不能重用他，就一定要杀了他**，千万不要让他跑到其他国家去，成就别的国家，将来威胁咱们魏国。

魏惠王满口答应着走了。

魏惠王头脚走，公叔痤赶紧派人把商鞅请来。请来干吗呢？道歉。他对商鞅讲：

吾先君而后臣，故先为君谋，后以告子。

（出自《资治通鉴·周纪二》）

我得先尽忠君之职，再顾朋友的交情。所以，刚才我劝魏王如果不能用你，最好杀了你。现在我告诉你，你赶紧跑吧！

商鞅听了之后，心头一震，但又马上恢复镇定，他对公叔痤讲：没关系，没关系，我不用跑，魏王如果不能听您的话重用我，也一定不会听您的话杀我。

之后，商鞅在魏国又待了一段时间，平安无事。不过，他心里肯定不太舒服，正好秦国发"求贤令"，所以他就跑到秦国了。

商鞅到秦国后，先投到秦孝公的嬖（bì）臣景监门下，然后由景监引荐给了秦孝公。

《史记》讲，商鞅曾先后三次面见秦孝公，陈述自己的治国之道，他在秦孝公面前把自己强秦的奇计给讲出来。

结果第一次讲，把秦孝公给讲睡着了；第二次讲，秦孝公虽然没睡，但也腻歪得够呛；第三次讲，才终于讲到了秦孝公的心坎里，"语数日不厌"。

那么这三次分别讲了什么呢？他的引荐人景监也很好奇，因为每次都是密谈，所以他就问商鞅。商鞅回答：**第一次讲的是帝道，第二次讲的是王道，第三次讲的是霸道。**

那究竟什么是帝道？什么是王道，什么是霸道呢？史书上并未记载。我认为，商鞅所谓的帝道应当是道家的以道治国，王道是儒家的以德治国，这两样都不够直接，也不够实用，所以秦孝公没有兴趣。最终，**霸道讲以法治国，拿过来就能用，操作性强，于是此两人一拍即合。**

接下来，就是著名的"商鞅变法"了。变法的具体举措在传世的《商君书》里有比较详细的记载，比如大力发展农业和军事等，本书就不细讲了，这里只谈几个关系成败的关键点：

一是，**变法之所以成功，首先得益于一把手的亲自推动。**国君秦孝公全力支持变法，他跟商鞅的态度一致。

二是，变法后"秦人不悦"。大家习惯老样子了，自然是不愿意改变的。那该怎么办？商鞅讲：

民不可与虑始，而可与乐成。论至德者不和于俗，成大功者不谋于众。

（出自《资治通鉴·周纪二》）

意思是，跟普通人去商量一个远大的战略，他们是理解不了的。只有做成了这件事，他们才能理解，才会知道其中的好处。**真理往往只掌握于少数人的手中，成就大功业的人全靠倾听自己的内心**。所以，改革者必须一往无前。

三是，变法就是要改变很多常规的做法。那么人们能适应吗？会不会反而变得更坏了呢？有反对者讲：

缘法而治者，吏习而民安之。

（出自《资治通鉴·周纪二》）

都按照老规矩、老路子走，官吏轻车熟路，老百姓也安生，多好啊，咱们费这个劲干吗呢？商鞅驳斥道：

圣人苟可以强国，不法其故。智者作法，愚者制焉。

（出自《资治通鉴·周纪二》）

圣人只要可以使国家强大，就不会拘于以前的法度和模式。**强者创立规则，弱者才会被规则约束**。

四是，立木取信。商鞅预料，新法颁布后，老百姓肯定会怀疑：这是官府搞的一阵风呢，还是动真格的呢？这样，就不会去积极地响应。所以必须提前证明，这次是动真格的。于是商鞅在南城门立了一根大木头，旁边贴张告示：谁要把这根木头扛到北门去就赏十两黄金。结果谁也不相信，不觉得会有这种好事。

过了两天，商鞅换上一张新告示：谁要是把这根木头扛到北门就赏五十两黄金。这回有个汉子心想反正闲着也是闲着，就当扛着玩吧，只当是锻炼身体了，于是他就给扛过去了。然后真就得了赏金。老百姓们惊呆了。这时，新法颁布，之后迅速铺开。

五是，新法推行了一年，秦国上下几乎没人说新法好，甚至太子带头违反新法。商鞅正好抓住太子这个典型。太子，将来是要做国君的，不能用刑，就让太子的老师代其受刑。一下子，所有人都老实了。几年过后，秦国大治成功。

抓太子的典型与立木取信，两者的意义是一样的，都是为了使新法取信于民。只是，一个是从罚的方面，一个是从奖的方面，司马光认为这是商鞅变法成功的关键。他讲：

信者，人君之大宝。

（出自《资治通鉴·周纪二》）

诚信是君主至高无上的法宝。

孔子也讲过类似的话，他讲，执政能不能稳固主要取决于三方面：足食、足兵、民信之。

足食，就是老百姓得能吃得饱饭；足兵，就是得有保家卫国的军队；民信之，就是老百姓信任、支持这个政府。

　　如果，这三方面中只能保留一样呢？孔子认为，吃不饱可以坚持，军队弱也可以坚持，但"民无信不立"。**信是生命线，是成败存亡的关键**。

　　虽然，商鞅深知取信于民的重要性，但在他个人的心目中，"信"只是手段，而非修养或信仰。为什么这样讲呢？再看看下面这个小故事。

　　商鞅变法持续了二十年，秦国国力大盛。公元前340年，商鞅对秦孝公讲：魏国与秦国紧邻，是秦国的心腹之患，必须得把魏国打服，才能进一步称霸中原。然后亲自带兵伐魏。

　　魏国带兵对阵的大将是商鞅的昔年故交公子卬（áng）。商鞅扎下大营后，就给公子卬写信：虽然咱们各为其主，但作为老朋友，怎么忍心和你真刀真枪地交战呢？不如你过来，咱们谈判，政治上定个盟约，顺便喝酒叙旧，然后各自撤兵，各回各家吧。

　　公子卬信以为真，过来谈判，当场就被商鞅拿下。商鞅乘势进攻，大败魏师，弄得魏国割地迁都。魏惠王这时才后悔当初没有杀了他。

　　这时的商鞅已达到人生巅峰，被秦封为商於，号曰商君。从此之后才是名副其实的"商鞅"，这以前都是叫卫鞅。

　　两年后，秦孝公薨。当年那个犯法的太子即位了，也就是秦惠王。秦惠王一直恨着商鞅：当年你小子治我的罪，来树立你自己的威信。很多政敌也乘机告商鞅谋反。商鞅怎么办？跑呗，他只好逃往就近的魏国。可是他早把魏国人得罪了，魏国人恨不得杀了他，根本不会收留他。他只好又返回秦国，带着他的亲兵武装要打到郑国去。结果，他很快就被秦人抓住，给车裂了，甚至尽灭其家。

就在商鞅去世的半年前，曾有个叫赵良的人来拜见他。商鞅问赵良，自己比当年辅佐秦穆公成就霸业的五羖（gǔ）大夫百里奚如何，谁更有才能呢？赵良讲：

千人之诺诺，不如一士之谔（è）谔。

（出自《资治通鉴·周纪二》）

一千个人跟您说好听的话，那没有用，不如一个人跟您讲句真话。我今天就跟您讲点真话，您可不要杀我。

赵良这样讲，足见当时的商鞅，在人们心目中差不多就是个杀人魔王了。商鞅以法治国，讲究"重轻罪"，即便犯很轻的罪，也会处以很重的刑罚，目的是"以刑止刑"，让人们不再犯罪。他经常在河边组织公审大会，审完一个砍一个，审完一个砍一个，把整条河的水都染红了。这种有强烈震慑效果的行为，被后世很多酷吏效仿，甚至曾国藩也认为"治乱世宜用重典"，使其一度被称为"曾剃头"，砍头就跟剃头似的。

商鞅答应赵良：你说吧，说什么我也不恼。

赵良就讲了：您跟百里奚没法比，他是从最底层被秦穆公请出来的，他辅佐秦穆公成就的强国霸业不比您差，而他的品德却比您高尚得多。他从来不坐豪车，也不让下属给举伞，更没有众多护卫开道之类的行为。他死时，全国百姓都为之痛哭，都停下手上的工作来悼念他。而您呢？您是托奸臣景监的关系，才得到秦孝公的重用；执政期间凌轹（lì）公族，残伤百姓，《诗经》讲"得人者兴，失人者崩"，您不得人心啊；您特别讲排场，不论到哪里，都有大量全副武装的护卫保护着，一级戒备，《尚书》讲"恃德者昌，恃力者亡"，您不能以德服人啊！您现在已经危如朝露，一旦秦孝公过世，秦国肯定容不下您！

从人生的层面讲，商鞅之死的启示在于，把事做绝，不留后路，难逃一死。而从社会发展的层面讲，商鞅的悲惨结局几乎是历史上所有著名改革者的共同宿命。

虽然商鞅死了，但是他的新法未被废除，因为已经实行了二十多年，秦国已经完全适应了，强大的秦国正在成为东方各国的共同威胁。

那么，在这期间，东方各国都在等死吗？当然没有，他们也在奋发图强，也有了不起的君主及出名的人物。

第四回　大丈夫的复仇方式

　　在魏、秦两国招揽人才、变法图强的同时，"战国七雄"的另外几国——齐、燕、韩、赵、楚，也没闲着，都在想办法发展壮大自身，这期间上演着各种人间悲喜。

　　下面来说说齐国发生的事儿。公元前379年，也就是吴起在楚国被杀的两年后，齐国发生了一件大事，即"田氏代齐"，田氏取代姜氏成为齐国国君。

　　齐国本是周武王封给姜子牙的，其国君历代都姓姜。而且，齐国有渔盐之利，故而一直都是强国、大国，在"春秋五霸"中，齐桓公也是最强的。那么姜氏是怎样被田氏取代的呢？这就说来话长了，它也跟三家分晋一样，前面有数世积累的过程。其中的关键事件是，公元前481年，齐简公被大臣田成子弑杀，之后田家就已实际掌控了齐国。

　　田成子是如何做到这一点的呢？《韩非子》分析过这个问题，其所在篇目为"二柄"。"二柄"是什么？君主驾驭群臣有"二柄"，即两个把手、抓手：一个是德，一个是刑。德就是我能给你恩惠，让你感恩于我。刑就是我能砍你的脑袋，能治你的罪，让你怕我。

齐简公的问题就在于，他没抓住德这个柄，而德这个柄却被田成子抓住了。田成子经常帮群臣争取升职加薪的机会，他主持向老百姓借贷粮食的活动，都是用"大斗出、小斗进"，即借出时用大斗来量，收回粮食时则换成小斗来量，故意让老百姓占便宜。这样，从上到下的所有人都感恩于田成子，等到田成子杀齐简公时，就没人反对了。

所以，后来的君主都非常忌讳大臣的一个做法，就是"树私恩"，作为大臣，你不能把落好的事自己都干了。

另一个相反的例子，是宋国的一个国君，他没有抓住刑这个柄。他有个大臣叫子罕，子罕对他讲：您作为国君，落好的事，比如加薪、免税、大赦等，都以您的名义来弄；而得罪人的事，比如要惩治哪个官员、镇压哪里的刁民等事，都让我去办，骂名都让我来背。国君听后高兴地说：那就这么办吧。结果，很快地，人们就只怕这个子罕，而不拿国君当回事了。

田氏虽然掌控着齐国的实权，但一直没有正式篡位，一直保留着一个姜姓的傀儡国君。直到公元前379年，姜姓的齐康公薨了，田氏才正式接管齐国。也是在这一年，齐威王即位。

怎么刚才讲的那位齐康公是"公"，而这位怎么成了"王"了呢？这本是礼、名、分的大问题，**公、侯、伯、子、男都是爵位，不能随便叫，是等级分明的，**爵位只有周天子才能授予。而王是只有周天子才能叫的，如周文王、周武王。可是，从"三家分晋"开始，原有的礼、名、分体系被彻底破坏了，大诸侯国的国君自己就开始给自己封王了。

齐威王在位三十多年，是文治武功都很了不起的一代雄主，**他在国都临淄修建稷下学宫**，广招天下学者，**使临淄成为当时的学术文化中心**，孟子、荀子以及诸子百家中的很多代表人物都曾来过这里。

《资治通鉴》里记载了齐威王的两个小故事。

一个故事是说，一次，齐威王派两个大臣分别到即墨和东阿担任县长。过了不久，他便听说即墨县长是如何不称职，得到的都是各种批评；而东阿县长得到的则是各种美誉。又过了一段时间，齐威王竟然把有美誉之称的东阿县长给杀了，且重赏了被批评的即墨县长。

为什么呢？因为，齐威王并不听信身边人怎样说，而是派人去实地考察，他最终发现，即墨县长虽有政绩，但不会讨好国君的身边人，而东阿县长正相反。

这个故事的妙处在于，如果齐威王派去实地调查的人也被东阿县长收买了该怎么办呢？这是一个关于君主、内臣与外臣之间关系的典型案例，后世还有无数类似的君臣博弈，但真正能像齐威王这样处理得好的，却很少。

另一个故事是说，齐威王跟魏惠王的一次会面。他俩都称王，也都是自封的，见个面互相承认一下，让自己觉得踏实点。之后，也没啥好聊的了。

魏惠王便问：你们齐国有什么宝贝吗？

齐威王答：没有啊。

魏惠王来劲了：哈哈，你们不行了吧，告诉你吧，我们魏国有十枚夜明珠，可以照亮一个停车场。

齐威王笑了：要这么说，我们也有宝贝，只不过跟你们的宝贝不一样，我们的宝贝是四位著名的将军，他们各守一方，照亮千里，何止一个停车场啊。

在司马光眼中，魏惠王大概就是个大傻帽。魏惠王跟孟子之间还有过一段更为著名的对话，是这样的：

魏惠王讲：老头啊，你不远千里而来，有什么利于我国的建议吗？

孟子讲：

君何必曰利，仁义而已矣！上下交征利而国危矣。

（出自《资治通鉴·周纪二》）

如果一个国家的人，凡事都讲是不是对自己有利，而不讲仁义，那么这个国家就危险了。

仁是什么？仁就是将心比心，就是重视别人的感受，就是公心。义是什么？义就是强调做对的事，而不是强调做对自己有利的事。

什么是对的事？孟子讲过，人有良知，什么是对，什么是错，不用人教，先天自明。再简单一点讲，就是：无论做什么事情，都要考虑这件事是不是有价值、有意义，而不要只看眼前利益。只看眼前利益，是永远做不成事的，也是体现不出人生的意义的。"义利之辩"是儒家的一个大问题，也是中国人一直纠结的问题，以后有机会再来展开分析。

齐威王与魏惠王之间故事的高潮是由一对奇葩同学掀起的。谁呢？孙膑与庞涓。

这两人本来是同学，一起在鬼谷子门下学兵法。庞涓先实现了世俗的成功，他到魏国发展，做了将军，而这时孙膑还处于社会底层。按道理讲，这时的孙膑应当嫉妒庞涓，可事实正相反，从上学时，庞涓就嫉妒孙膑的才能，一直也无法释怀。

怎么办呢？他想出了一条毒计，先把孙膑请到魏国，好吃好喝好招待，再跟孙膑说：老同学啊，你看我现在在魏国也是个人物了，而你现在没有个正式的单位，干脆你就留在魏国跟我干吧。孙膑很感激，觉得这个同学真不赖，就留在了庞涓军中。

不久之后，庞涓给孙膑安了个罪名，然后摆出一副大义灭亲的姿态将孙膑以军法论处，施以膑刑，即剁掉双脚。至此，庞涓憋着的这口气才算出来，他想，这下孙膑肯定完蛋了，再有才能也不管用了。

怎么说呢，**嫉妒真是人性中最卑劣的一种表现**。

庞涓没有想到的是，才能是长在脑子里的，而不是长在脚上的。

孙膑要报仇，是用脑子来报仇。他先想办法跟来魏国的齐国大使逃到了齐国，到了齐国之后，又投靠了大将军田忌。然后被田忌引荐给齐威王，成了国师。这一路下来，靠什么？只能靠脑子和一张嘴。

　　孙膑作为齐国国师，策划领导的第一仗就是经典战例——围魏救赵。公元前353年，魏惠王派庞涓率大军攻打赵国都城邯郸，赵国向齐国求救。齐威王派孙膑与田忌带兵去营救。孙膑带领齐军没有攻打邯郸，而是直接攻打后防空虚的魏国国都大梁。庞涓只好率领攻赵的魏军仓促回援，途中被齐军伏击，大败。

　　公元前341年，魏国又派庞涓带兵攻打韩国。韩国也来向齐国求救。齐威王征求孙膑的意见。孙膑主张：韩国得帮、得救，但要先等一段时间，等到韩国实在吃不住劲儿时再出兵，那时魏国实力大减，韩国则穷鸟入怀，咱们就更加主动了。

　　于是，齐国按兵不动。韩国连失五城，眼看就要亡国了，再来向齐国求救，那真是跪求了：只要你们齐国出兵相救，什么条件我们韩国都答应！

　　到这时，孙膑才带齐军出战。还是围魏救赵的战略，齐军直奔魏国。庞涓赶紧带兵撤出韩国，回魏国来阻击齐军。

　　孙膑立即拿出第二套战略，因势利导，装出胆怯要撤军的姿态。

　　庞涓早憋着一口气，要一雪几年前的败军之耻，他当然不肯眼看着齐军撤走，于是在后面紧追不舍。

　　孙膑一边牵着魏军做运动战，一边传令军队，每天都要减少生火做饭的灶。

　　庞涓果然中计，他看到齐军留下的灶迹，头一天有一万处，第二天就成了五千处，再后来每天都会减少，于是他判断，这是齐军的逃兵越来越多的缘故，庞涓越发轻敌，他甩下行动较慢的步兵，只带着较少的轻锐骑兵急行军式追赶齐军。

一天傍晚，庞涓带兵追到马陵这个地方时，看到路边山坡上有棵大树，上面好像写着什么字，可是天黑看不清，就让人点起火把。这下子他看清了树上的字迹：庞涓死于此树下。与此同时，伏兵四起，万箭齐发，魏军大败。庞涓说了句"遂成竖子之名"后，就自杀了。

有道是，君子报仇，十年不晚。孙膑用了差不多十年的时间为自己报了仇，而且是以这样大丈夫的方式！

不过，这毕竟是一个悲剧，两个人，最终一个身体残了，一个死了。

自古以来，无亲无故之人，何来恩怨？同学、嫉妒、伤害、报复，这些词的意义，古今并无区别。**孔子讲，吾道一以贯之，忠恕而已**。恕是大德，无论他做了什么，都宽恕他吧！

接下来再讲一下韩昭侯。刚才我们讲到，魏国把韩国打得很惨，当时韩国的国君正是韩昭侯。那么，韩昭侯是不是一个昏庸无能的国君呢？还真不是，恰恰相反，他算是一代明君。他重用法家人物申不害，推行改革十余年，使国力大振。只是，韩国是战国七雄中最小的国家，其实力仍然不如魏国。

《资治通鉴》里记载了韩昭侯的两段小故事。有一次，申不害想给他哥哥要个官当，韩昭侯没同意，申不害有点恼。韩昭侯讲：我这是按照您教给我的治国之术来处理这个问题啊。您说，任命官员要看功劳和资历，而您现在又要给亲人要官，您让我听哪头？申不害服了。

　　还有一次，韩昭侯有条破裤子，他让侍者放起来。侍者讲：您怎么这么小气啊，一条破裤子还收藏起来干吗，随便赐给个下边的人不就得了。韩昭侯答：

　　颦有为颦，笑有为笑。

（出自《资治通鉴·周纪二》）

　　忧有忧的原因，笑有笑的原因。作为君主，无缘无故，怎能随便赐予，必待有功之人方可。

　　韩昭侯以法家思想图强的故事，启发了他的后人——法家的集大成者韩非子。《韩非子》里还记载了好几段关于韩昭侯的故事，其中，让人印象最深刻的是：

　　有一次，韩昭侯喝醉了，倒床就睡。他的典冠，也就是负责掌管他帽子的侍从怕他着凉，就拿了一件大衣给他盖在身上。韩昭侯醒后，非但没有感谢赏赐这个典冠，反而把他给杀了，同时把典衣，也就是负责掌管衣服的侍从给打了一顿。为什么？**挨打的，是因为失职；被杀的，是因为越职。官员越职行事，就是死罪。**

　　《韩非子》可以说是一本帝王教科书，其中大量的内容都是在讲君主怎样驾驭大臣，并且举了很多案例。韩昭侯之后，他的儿子韩宣惠王也有一个这样的故事：他想设立两个丞相，以便互相制衡。私下里他问大臣缪留的看法，缪留认为：您要任用两个丞相，他们之间必然会有竞争，得势者会在朝内广结朋党，而失势者也会求助于外国势力的支持。结朋党会削弱君主之权威，结外国则会暗自出卖国家的利益，那样的话国家就危险了。

这是《资治通鉴》里第一次提到朋党问题，这个问题也是后代政治的痼疾。

关于韩国的故事中，与豫让刺杀赵襄子同时期的，还有一个著名的刺客故事。当时的韩国丞相侠累得罪了大夫严仲子，严仲子秘密去请勇士聂政来刺杀侠累，并将黄金百镒送给聂政的母亲做寿礼。聂政推辞道：老母在世，恕我不能以身许人。直到为老母亲养老送终之后，聂政才拎着刀，冲进重兵守卫的相府将侠累杀死，然后又把自己的脸皮、眼睛割烂，剖腹自杀了。

官府将聂政的尸体示众，因为尸体面容尽毁，无人能识，故都不知道这事是谁干的。忽然，一个女人冲进人群抱尸痛哭，她一边哭一边讲：这是我弟弟聂政，他怕连累我，才自己毁了容。但弟弟有此壮举，我不能让他的英名淹没！说完便自杀在弟弟身边。

姑且勿论聂政的对错，而要从中看到他的血性。这个故事之所以流传久远，正是因为中国人看重这种血性。若干年后，韩国还将出现一个更加了不起的刺客，谁呢？后面会讲到。

第五回　苏秦、张仪的合纵连横之术

除了孙膑和庞涓，鬼谷子还有两个著名的学生：苏秦和张仪。

鬼谷子是何许人？并无定论，世传的《鬼谷子》一书是不是其后人伪作也未可知，总之他是个世外高人。

苏秦和张仪两人是真正的传奇人物。

司马迁在《史记》里的七十篇列传里，写了先秦至西汉的一些牛人，涉及的先秦人物屈指可数，经常是几个人物写在一篇传里，真正一人独占一篇的不过十来人，其中就包括苏秦和张仪，他俩都是一人一篇，而且所占的篇幅也几乎是最长的。

苏秦本是东周国都洛阳人，他跟随鬼谷子学习，待学成之后，出来闯天下，结果四处碰壁。"出游数岁，大困而归"，没人待见他，混得几乎要饭了，只好回家。家里的爹妈自然没意见：有爹妈一口吃的就有苏秦一口吃的。可是他的嫂子、弟媳们都翻白眼了：哦，这是要回家白吃白喝？还是要来分家产啊？

苏秦怎么办？忍着。《周易·蹇卦》讲：

蹇，君子以反身修德。

（出自《周易·蹇·大象》）

意思是，前面的路走不通了，就得返身回来。回来干什么呢？回来修德，回炉再炼，修炼本事，修炼好了，再出去！

苏秦回到家，把老师教的书重新苦学，温故知新。**他还得到一本新的秘籍——《阴符经》**，这本书现在还有传世的版本，不过据说是南北朝时期的伪书了。总之，苏秦发愤苦读，夜以继日，**困了就拿锥子扎大腿，这就是"锥刺股"典故的由来。**

苏秦经过一年的苦学，有一天忽然顿悟了，他想：这一次我出外定能说服当世之君了！

于是他再度走出家门，这次，他真就实现了他的理想。

为什么跟鬼谷子学完后，出去闯荡吃不开，自学了一年后，再出去就行了呢？原因很简单，第一次去闯荡时，他的肚子里只揣着一堆理论；第二次出去时，他既有理论，又有实践和教训；既有屈辱，又有信念，他的内心得到淬炼升华了。

更重要的是，这一次他顿悟了天下大势，这是他说服当世之君的资本。

苏秦本来是想报效家乡的，故他先去找东周国君周显王。但是，**"凡人贱近而贵远"**，都是外来的和尚会念经，本乡本土的，从小看着你长起来的，能有多大能耐啊？所以，周显王和他身边人都没拿苏秦当回事。

苏秦一点也没气馁，心想：我找你，是给你面子。你不听，那

是你没脑子，没觉悟。这也正好，因为我心中的天下大势，本来也跟东周国没什么关系。

那么，**苏秦心中的天下大势是什么样的呢？**苏秦心中的天下大势是：要么连横，秦并天下；要么合纵，六国联手灭秦。

于是，他离开洛阳，直奔日益强大起来的秦国。他到秦国之后，见到了刚刚即位不久的秦惠王。当时的秦惠王刚刚杀了商鞅，对于这种出奇计强秦的人物没有什么好感，他对苏秦讲：

毛羽不丰满者，不可以高飞。

（出自《战国策》）

小鸟的羽毛还没有长丰满，不可能飞得太高。您说的"吞并天下，称帝而治"的想法太大了，我们还不敢想。

苏秦看秦惠王没兴趣，只好实行第二套方案。这套方案虽然麻烦点，但更加轰轰烈烈，也就是要说服东方六国的国君合纵攻秦。

一个秦惠王苏秦都说服不了，那么六国的国君他能一一说服吗？苏秦凭借三寸不烂之舌，挨个游说燕王、赵王、韩王、魏王、齐王、楚王，把这六位国君都说得热血澎湃，共同成立"六国联盟"，总部设在赵国，由苏秦担任"联盟秘书长"，同时配六国相印，待遇参照"联盟盟主"。

此时的苏秦，麻雀变凤凰，他抽空回了趟家，随从车队浩浩荡荡。周显王被吓到了，净水泼街，派人欢迎，迎出十多里地来。嫂子们都趴在地上给他行礼。苏秦笑了：怎么之前是那样的，现在成这样呢？**嫂子们低着头回答：因为如今叔叔位高金多。**

那么，苏秦都跟六国国君们讲了什么，就都把他们给忽悠住了呢？史书里有详细的记载，这里不作转引，总之，他超级雄辩。唯一可以跟他有一拼之力的，可能只有他的老同学张仪了。在若干年后，张仪凭借自己的那套说辞挨个说服六国国君解除了合纵。

上学时，苏秦自认为张仪的才能在自己之上。起初张仪混得也很不好。他曾经在楚国丞相的府上做门客。有一次，丞相丢了一块宝玉，不知谁偷的，相府的门客们都看张仪不顺眼，一致认定是张仪偷的，丞相就把张仪抓起来狠揍一通，差点没打死。张仪咬定不是自己干的，最后查不到证据他也就被释放了。

张仪被人拖到家里时，手脚都疼得不能动弹。他老婆又疼又气：你个死冤家啊，要不是因为读了点破书，到处吹牛，怎会遭这个罪啊？这时，张仪把嘴张开了。

老婆问：干吗？喝水吗？

张仪有气无力地说：你看看，我的舌头还在不在？

老婆说：在啊。

张仪笑了：好啦，只要这三寸不烂之舌还在，你就放心吧，早晚让你妻凭夫贵！

就在这时，苏秦派人来请张仪去赵国。苏秦为什么要来请张仪呢？因为他知道，要想确保这个合纵的计划持续成功，就必须要稳住秦国，不能让秦国插手搅局。那怎么办呢？必须在秦王身边安插自己的人。这个人必须得有一定的忽悠能力，找谁呢？张仪最合适。虽然张仪是自己的老同学，可是他肯听自己的安排吗？还有，张仪肯下决心，去忽悠秦王吗？这可不是有才就一定能够做到的。

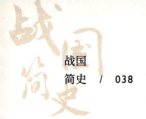

最后，苏秦想出一个奇招。

张仪兴冲冲来赵国见苏秦，心想：这个老同学真够意思，这是要跟我有福同享啊。可他没想到，到了赵国之后却吃了闭门羹。一连好几天，苏秦闭门不见。之后好容易见了面，苏秦还冷淡至极，他讲：我是想让你跟着我混口饭吃，可是看你这能力和状态，还不大行。你现在怎么成这厖样了呢？然后，勉强给张仪安排了顿饭菜，也都是按仆人的标准。

这一下，可把张仪气疯了。古人讲，知耻而后勇。他强忍怒火，从苏秦府上出来后，就直奔秦国而去。他誓死也要争这口气！东方六国都没意思了，混到头只能跟苏秦差不多，只有到秦国，才有可能反制苏秦。

张仪前脚走，苏秦后脚就去找赵王，让赵王派人扮作一个富商，拉了一车金子，尾随张仪往秦国去。中间住店时一起住，一来二去他俩就熟识了，还成了好朋友。

张仪在这个朋友的雄厚财力的支持下，顺利见到了秦惠王。并把秦惠王一下子给忽悠住了，秦惠王还给张仪封了官。

当他兴冲冲回来拜谢自己的这位朋友、贵人时，这个人却说自己的任务已完成，向他告辞。之后，把事情的前因后果讲了一遍，总之，告诉他这一切都是苏秦丞相的安排。

张仪被惊呆了，对苏秦既佩服，又感激，于是下定决心暗中帮助苏秦，维护其合纵计划。

接下来，六国合纵的局面大致维护了有十几年，秦与东方六国保持着大致的平衡。

　　什么叫大致平衡呢？就是说，这十几年间，这个合纵也不是铁板一块，也是分了合，合了分的。这中间，秦国积极连横，采取远交近攻的战略，极力拉拢齐国，来打赵国。弄得苏秦在赵国待不下去了，就去了燕国。

　　苏秦到了燕国，还是座上客。有道是："狼走遍天下吃肉，狗走遍天下吃屎。"苏秦是吃肉的，吃谁的肉？这不好说，反正，他在燕国成了燕王母亲的情夫。要说这也正常，六国国君他都能忽悠，忽悠寡妇女人还不更是手到擒来。

　　这种事，时间长了，肯定纸包不住火。弄得他在燕国又待不下去了。他就去找燕王说：您看，燕国现在跟齐国关系紧张，我在燕国也发挥不了多大的作用，不如去齐国，在齐国那边暗中帮着咱们燕国。您觉得如何？

　　燕王正为难，不知该怎么办。太后养情夫毕竟不是什么光彩事，可要是杀了苏秦，又怕太后伤心。现在苏秦主动请求去齐国当间谍，这下子什么麻烦事不都解决了。于是，以厚礼为苏秦送行。

　　苏秦到了齐国后，深得齐王器重，被齐国大夫们羡慕嫉妒恨。这是真恨！公元前317年，还有人派出刺客刺杀苏秦。当时苏秦重伤，没有立即死掉，接下来的几天也没有抓到凶手，更不知这次刺杀是谁主使的，苏秦咽不下这口气，临死前对齐王讲：等我死了，您就宣布我是燕国间谍，把我车裂了，那时凶手肯定就出来了。齐王照办，果然凶手现身，齐王将其杀了，为苏秦报了仇。

　　苏秦死后，张仪开始出将入相。他在秦国混到了丞相级别，后来又以间谍身份当了魏国的丞相。苏秦死后，他不再顾忌之前对苏秦的承诺，先后出使了魏、楚、韩、齐、赵、燕六国，一通忽悠就彻底瓦解了合纵。其中，他忽悠楚怀王的那一段故事最精彩。

秦国想打齐国，可是齐国和楚国的关系很好。秦王便派张仪出使楚国，要他去破坏齐楚的关系。张仪忽悠楚王：我们秦王说了，只要楚国跟齐国断绝关系，秦国就把公主嫁给您，还送给您六百里土地。

楚怀王挺高兴，心想要抱粗腿，当然是越粗越好。齐国不如秦国强大，当然是跟秦国联盟更好。于是，楚国跟齐国断交。然后派了一个将军跟随张仪回秦国，等着张仪向秦王复命后，接收那赠送的六百里土地。

可是张仪一回到秦国，就来了一个"假摔"，假装从车上摔下来，之后就在家里养伤，一连三个月也没上朝去见秦王。

楚怀王着急了：秦国这边没动静，是不是嫌我跟齐国绝交绝得不够彻底啊？

于是，他就派了个代表，公开发表"国际宣言"，宣言中他把齐王大骂一通。这次，齐王被气坏了，干脆自降身段，折节事秦。结果，齐、秦成了盟友。

直到这时，张仪才去向秦王复旨，说：咱们给楚国六里地吧。

旁边的楚国使者一听就急了：不是说好了给我们六百里地吗？

张仪故作惊讶：你们听错了吧，明明我讲的六里地，从哪儿到哪儿的，讲得多清楚啊。

使者回来禀告楚怀王。把楚怀王给气坏了，楚国发兵攻秦，结果战败割地求和。

过了一年，秦惠王派人出使楚国，想跟楚国换块地。

楚怀王回复说：你们想要我的那块地，不用拿地换，拿张仪换就行。

秦惠王会换吗？他还没这么卑鄙。

不过，张仪倒很大方，他跟秦王讲：您就让我去吧，他们不会拿我怎样的。

然后，张仪又来到了楚国。他一进楚国就被抓了起来。过了几天后张仪被释放了，竟然又成了楚王的座上宾。为什么呢？因为，张仪在楚国有个好朋友叫靳尚，靳尚既是楚怀王的嬖臣，又跟楚怀王的宠姬郑袖关系极好。张仪刚被抓起来，靳尚就立即来见郑袖。他对郑袖讲：张仪是秦王的红人，他现在被扣在这儿，我听说秦王要拿六个县的地皮，外加两个秦国公主来换张仪。如果秦国公主来了，将来她们的地位肯定在您之上。

这一句话就把郑袖给点燃了：靳大人，您说怎么办吧？

靳尚就教给她：您这么办、这么办就可以。

于是，郑袖天天到楚怀王那儿哭天抹泪：张仪是秦惠王的大红人，您要是杀了他，把强大的秦国给惹急了眼，我们的日子就没法过了。

男人最架不住两样东西：一是女人的眼泪；二是老婆的枕边风。俗话讲："娇妻唤作枕边灵，十事商量九事成。"

楚怀王很快就把张仪给放了出来。此时，张仪依然很牛，吹了一通秦国多么多么强，搞好秦楚双边关系对楚国多么多么重要。

楚怀王也只好认庆。

楚怀王与张仪的这段故事说明了什么呢？其实就是现在经常讲到的一句话：弱国无外交。你弱，就只好被人欺负。

张仪离开楚国之后，又去了韩国、齐国、赵国、燕国，挨个忽悠一遍，就把合纵之势给完全破除了。

这一趟结束之后，他回到秦国，正赶上秦惠王薨。即位的秦武王在做太子时，就跟张仪不对付。张仪有了一种不祥之感。于是他也学苏秦，主动请缨再去魏国当间谍。最后在魏国又做了一年的丞相，并得以善终。

苏秦与张仪草根起家，纵横天下，达到成功的巅峰，成为当时读书人的偶像。

那么，司马光是怎么看待他们的呢？

司马光引用了孟子和西汉扬雄的两段评价。

孟子与苏秦、张仪是同时期的人物。有人曾问孟子：苏秦、张仪这样的人物，"一怒而诸侯惧，安居而天下熄"（他们要是发怒，诸侯国君都害怕；他们要是消停了，天下也就没有战火），他们称得起大丈夫吗？

孟子答：他们可算不上大丈夫！

那怎样才算大丈夫呢？

孟子答了一句流芳百世的话：

富贵不能淫，贫贱不能移，威武不能屈，此之谓大丈夫。

（出自《资治通鉴·周纪三》）

什么意思？意思就是**评价一个人，不要看他世俗的成功，而要**

看他人格的圆满。

而扬雄对苏秦、张仪的评价则更加尖锐，称他们是"诈人也"，就是两个大骗子而已。他们为成功不择手段，完全靠忽悠、靠骗，一点诚信和道德也不讲。

这是不是有点吃不着葡萄说葡萄酸呢？

第六回　赵武灵王推广"胡服骑射"

早期，赵国与秦国之间是不接壤的，它们之间隔着"林胡"，这是一个北方的少数民族，林胡控制着赵国西北方向的区域。而赵国正北的方向则是"东胡"，也是一个少数民族区域。

秦国采取"远交近攻"战略，前期主要是跟接壤的楚国、韩国、魏国打，对不接壤的赵国、齐国、燕国则是拉拢的，甚至还交换人质以结盟。如秦昭王即位之前在燕国做过人质，秦始皇的父亲即位之前在赵国做过人质。

赵国早前被魏国欺负，可后来魏国被秦国打，就没精力来欺负赵国了。于是，赵国就有精力去欺负中山国，还有北边的胡人。这就叫"大鱼吃小鱼，小鱼吃虾米"，弱肉强食罢了。

中山国不是之前被乐羊子灭了吗？是灭了，但后来又复国了。

第五回讲到，苏秦搞的六国合纵，总部设在赵国，当时的国君是赵肃侯。公元前326年，赵肃侯薨，即位者是他的儿子赵武灵王。**赵武灵王可了不得，他被梁启超誉为"黄帝以后第一伟人"**。为什么呢？因为赵武灵王发动的对北方胡人的战争取得了巨大的胜利。

梁启超在1903年写了篇文章，当时中国正处于充满屈辱的时期，被外族欺负。而梁启超总结，中国人有史以来面对外族的侵扰，十战九负，真正打了胜仗的只有四个人，哪四个人呢？

第一位是黄帝，打蚩尤。第二位就是这位赵武灵王。第三位是谁呢？是汉武帝。第四位是谁呢？是南北朝时期的刘裕。

赵武灵王在与北方胡人作战的过程中，发现了一个问题，就是：胡人的衣服穿着更贴身利索，不像中原人的宽袍大袖，拖拖拉拉的，胡人的装扮更适合于打仗，而且胡人从小训练骑马射箭，所以战斗力很强，不好对付。

怎么办呢？很简单，人家有优点，咱就学过来。

于是，公元前307年，赵武灵王发起一场史上著名的改革，就是"胡服骑射"。他让赵国人全部改穿胡服，并从小练习骑射。

当赵武灵王向大臣们第一次提出这个想法时，大臣的第一反应是觉得不可思议，甚至有点可笑。咱们赵国人难道也要去穿那么可笑的胡服吗？

赵武灵王把脸一沉：

愚者所笑，贤者察焉。

（出自《资治通鉴·周纪三》）

凡是一般人觉得可笑的事情，聪明人总能在里面发现问题和机会。

然后，赵武灵王正式推行这个改革，但老百姓们都不乐意。**习惯的力量是巨大的**。大家世代都是这样穿的，你说改就改，那人们当然就很抗拒了，怎么办呢？不可能挨家挨户去做工作吧，这种情况下最好的办法是抓典型。在所有反对穿胡服的人中，最有影响力的莫过于公子成。他是赵武灵王的叔叔，地位很高，他坚决不穿胡服，还称疾不朝。

赵武灵王亲自去找公子成，对公子成讲了三句话，一是：

制国有常，利民为本。

（出自《资治通鉴·周纪三》）

治理国家，要推行各种政策，这个政策好还是不好、对还是不对，只有一条标准，就是看它是不是利民。穿胡服是利民的，所以是个好政策。

二是：

从政有经，令行为上。

（出自《资治通鉴·周纪三》）

政务管理有很多原则，但最重要的原则是要令行禁止。你不穿胡服，就是要破坏这个原则。

三是：

明德先论于贱，而从政先信于贵。

（出自《资治通鉴·周纪三》）

社会道德风尚的形成要看普通百姓是否认可接受，而改革的政策必须先取得贵族的支持。你必须得支持我，要带好这个头！

　　这三句连唬带哄，把公子成一下子给降伏了，他立即把胡服穿上了。他都穿了，别人谁还敢抗命，这个问题就这么解决了。

　　通过改变穿衣习惯来强国，这个思路很有创新性，有点雷人。生活中，把自己打扮得更精致些，特别是女人，这样是不是就离成功更近些呢？好像还有个说法，你穿什么样的衣服，就会是什么样的人。这一点，值得我们深思。

　　当然，除了改穿胡服，更重要的是搞全民的骑射训练，即军事全民化。而且，当时赵国的手工业是比较发达的。总之，经过胡服骑射这一改革，赵国的国力确实强大了很多。慢慢就把北面的东胡和林胡都给占领了，这样赵国就跟秦国接壤了。

　　赵武灵王并不满足于止步于秦国边境，他还想乘势攻打秦国。这时，他又有了一种不可思议的想法——将国君之位传给太子赵何。他想要退休吗？当然不是，他是想全力以赴去带兵打仗，万一战死了，也没有后顾之忧。那么，他不做国君了，人们怎样称呼他呢？他想了一个称谓：主父——国主之父。

　　传位之后，这位赵主父就开始做攻打秦国的准备。《孙子兵法》云："知己知彼，百战不殆。"赵主父想：我对秦国不了解，这个仗打得没把握。干脆我先去秦国看看他们的山川形势和王公大臣们的情况吧。于是，他扮成使者的随从进了秦国，真就见到了秦王。秦王是一个很有眼力的人，他一眼就看出这个随从异于常人。会见结束之后，秦王越想越不对劲，感觉这个随从大有来头，于是派人去追杀。可这时赵主父已经逃出了秦境。

　　然而，这么牛的一代风流人物，最后又是怎么死的呢？他是饿

死的!

赵武灵王即位不久，王后就给他生了长子赵章，并立为太子。王后死了，赵武灵王又娶了美女吴孟姚。英雄难过美人关，赵武灵王对吴孟姚极尽宠爱，将其立为王后，**"为之不出者数岁"**，什么事也不干了，每天只跟这个吴后在家过日子。

因为宠爱吴后，他还把长子赵章的太子之位废了，另立吴后所生的赵何为太子。后来，甚至让赵何做了国君，自己做"主父"。这其实是犯了一个致命的错误。

吴后死了，赵主父对赵何的好感也慢慢消退，他感觉还是长子赵章更好，便想分出一块国土给赵章，也将其立为王。而且他自己心里也酸溜溜的，因为赵何作为国君，开始逐步掌控各方面的事务，他这个主父慢慢被架空，而他却不过四十多岁。

公元前295年，赵主父正犹豫不决，不知如何处理自己和两个儿子的权力分配问题时，他的长子赵章则早就委屈坏了、受不了了，他发动了政变。赵章的这次政变，很快被拥护赵何的保王派给击败。他最后走投无路，只好逃到赵主父住的宫里，希望父亲保护自己。而赵主父此时说话已经不管用了。

保王派的人们包围了赵主父的王宫，冲进去把赵章杀死，还把其他人都给驱赶出来。他们不敢动赵主父，谁也不敢落一个弑杀国君的罪名，但是也不敢放赵主父出来，那样的话，让赵主父重掌局面，自己就要倒霉。索性一直围着。赵何则假装没看见，他也没有办法，他不想失去国君之位，只能抛弃亲爹。最终，赵主父独自一人被困在宫中三个多月，能吃的东西全都吃干净了，最后被活活饿死。

这是《资治通鉴》里第一幕父子、兄弟为了权力互相残杀的宫廷悲剧，以后类似的故事还有好多。

赵武灵王是一个有想象力、有创意、有开拓精神的人，但往往也是这种有浪漫情怀的人，容易出现情感胜于理智的问题，从而埋下祸根。

在这场宫廷悲剧中有一个了不起的人物叫肥义，他最早受赵肃侯之托辅佐赵武灵王，之后又受赵武灵王之托，辅佐年少的赵何。肥义的朋友李兑曾提醒他：

小人有欲，轻虑浅谋，徒见其利，不顾其害。

（出自《资治通鉴·周纪四》）

小人有欲望，便不加考虑，只有很肤浅的谋划，只看到可能的利益，而不顾风险。大公子赵章和他手下的人们正是这样的小人，他们不服年少的赵何，肯定会发起政变。一旦政变，不论其成败，您作为辅政，首当其冲要面临杀身之祸。我看您不如辞官回家，明哲保身吧。

肥义回答：

谚曰：死者复生，生者不愧。

（出自《资治通鉴·周纪四》）

这是一个民间谚语，讲的是：你受人之托，要做什么事，你向人家作了承诺，之后那个托付你事的人死了，你还要继续履行承诺。如果有一天，那个人死而复生了，你面对他时才能问心无愧！

这是赵国老百姓的人生信条。对死人都不能有半点欺妄，何况我是受赵主父之托，要辅佐好赵何，我宁死也要尽职的。

赵章发动政变时，先假传赵主父的旨意，说要召见赵何。肥义警觉其中有诈，他让赵何不要去，而是自己代其前去。他料定这一去可能就回不来了，但他还是去了。果然他一去就被杀了，使得赵何躲过此劫，同时也为赵何的反击赢得了时间。

肥义的故事讲的是一种精神：宁死也不辜负别人的托付。赵国还有一个更加著名的故事，把这种精神演绎到了极致，那就是"赵氏孤儿"。

前面讲三家分晋时提到过，晋国之前有很多大家族，他们之间互相博弈，最后剩下三家：赵、魏、韩。赵家在公元前587年经历过一次危机，几乎被灭门，只留下唯一的一个血脉，是一个遗腹子——当时还在肚子里，没生下来。赵家的两个门客，一个叫程婴，一个叫公孙杵臼，他俩保护着赵家怀孕的夫人把孩子生了下来。很快，仇家听说赵家还有个遗腹子，于是展开全城搜索寻找遗腹子。

这时，公孙杵臼跟程婴商量：咱们受赵家之恩，说什么也要保护这个孩子，要把他养大成人，再等待机会夺回赵家的一切。你说，是养大这个孩子难，还是死更难？程婴讲：死容易。公孙杵臼讲：确实，死容易，那么这个容易的事我来做，难事你来做吧。之后他把自己的计划跟程婴讲了一遍，程婴没有更好的办法，只好同意，然后两人抱头痛哭告别。

接下来程婴去向那个仇家告发：你们不是要找那个赵氏孤儿吗？我知道在哪，你只要给我一些赏金，我就告诉你们。

仇家大喜：赏金没问题，你放心吧。

程婴说：赵氏孤儿就在公孙杵臼手里，他们就在那个偏僻的地方藏着呢。

说完，程婴带着仇家的人马拎着刀枪兵器，找到了公孙杵臼。果然，公孙杵臼正抱着一个襁褓中的婴儿。公孙杵臼把程婴一顿臭骂：你这个忘恩负义的小人，你这个叛徒，带人来害死我和这个赵家唯一的血脉。之后，公孙杵臼和那个婴儿就被杀了。

至此，仇家认为赵家彻底被斩草除根，这个事就慢慢过去了。

事实上，那个被杀的婴儿是冒充的，他当然也很无辜，不过赵氏孤儿终于活下来了。程婴带着他，藏匿起来，并把他养大成人。直到十几年后，晋国给赵家平反了，赵氏孤儿才重新现身，并拿回了赵家失去的一切，杀死了仇家。

这个故事还没完。故事的高潮是，当赵氏孤儿要来报答程婴的养育之恩时，程婴却选择了自杀。他讲：当年我跟公孙杵臼有个约定，他做容易的，先死，我做难的，把你养大成人，夺回一切。现在公孙杵臼肯定在黄泉之下，一直等我的消息。要是一直等不到，他肯定以为我没有完成任务。我要去告诉他，让他瞑目。

说完这段话他就自杀了。

正所谓**"自古燕赵多慷慨悲歌之士"**，这就是赵国人的精神，同时也是中国人的精神。

第七回　两个国家的绝地反击

　　前面讲过，苏秦曾经与燕易王的母亲相好。燕易王在公元前321年薨，传位给儿子姬哙。**燕国的先祖是周武王的兄弟，所以燕国国君也姓姬**。姬哙特别宠信丞相子之，他把很多工作、决策都授权给子之做。

　　子之有个亲家名叫苏代，他很有谋略。这个苏代大有来头，他是苏秦的弟弟。苏秦有两个弟弟，一个叫苏代，一个叫苏厉，这两个小兄弟有苏秦这个成功的榜样，再加上苏秦的提携及帮助，也走上了纵横家的道路，且都混得不错。

　　有次，燕王姬哙派苏代出使齐国。出使回来后，姬哙问苏代：你觉得齐王能成霸业吗？苏代回答：肯定不能。为什么呢？因为他对自己的丞相不够信任。

　　姬哙听了这话之后，就接受了一次暗示，或者说被催眠了一次：看来，我得对自己的丞相子之再多一些信任才好。于是，慢慢地把朝政全部交给了子之。最后，在苏代等人的进一步忽悠下，**姬哙干脆效法尧舜，把国君之位禅让给了子之**。

这样的事，真是后无来者。这样一来，有个人很受伤，谁？当然是太子。太子姬平早就等着接班呢，他即位才是天经地义。

公元前314年，姬平发动兵变，要武力夺回王位。燕国大乱，死者数万。

燕国这么一乱，有人高兴了。谁？齐宣王，就是齐威王的儿子，齐威王在公元前333年薨，齐宣王即位。

齐宣王乘机派出军队大举伐燕，而燕国根本无法抵抗，一下子全境都被占领了，姬哙和子之都被杀死了。

齐军在燕国并没有站住脚，在燕人的反抗和赵国等诸侯国的压力下，最后不得不退出燕国。

之后，太子姬平被燕人拥立为国君，就是燕昭王。也有史料认为，燕昭王其实是姬哙的另一个儿子姬职，是被赵武灵王给拥立的。究竟是谁并不重要，重要的是燕昭王的大臣郭隗讲的一个经典故事。当时燕国满目疮痍，百废待兴，燕昭王要招募贤者，重振国威，请大臣郭隗推荐人才。郭隗便讲了这个故事。

古时候有位国君派人去买千里马，结果，派去买马的这个人花了五百金给买回个死马的头来。国君大怒。买马的人则不慌不忙地讲：您别着急，我这就是炒作啊，我这么一炒作，人们都知道您喜爱千里马，都到了死马也花高价买的程度了，那活的还不都得找上门来吗？果然，不久之后，全国各地的好马都主动被送来了。

郭隗接着讲：我的意思，您明白了吧，您把我也当成那个死马脑袋给买了呗。

燕昭王大悦，立即把郭隗奉为国师，赐给大量良田美宅。这下

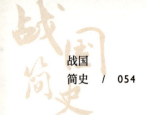

子"千里马"们真就纷至沓来,其中最著名的是乐毅。

在乐毅等人的辅佐下,燕国慢慢恢复了国力。在接下来的三十年里,秦、魏、韩、楚、赵都在打啊打,而燕国则置身世外,埋头发展,同时紧盯着齐国,寻找复仇的机会。

有句话叫"君子报仇,十年不晚",燕昭王则等了三十年。直到公元前286年,齐国紧邻的一个小国宋国,突然整出了很大的动静。当时,除了"战国七雄"之外,还有很多小国,小国都是在夹缝中求生存,能不找事就不找事的。可是,有人向宋康王汇报,说在都城边上,有只麻雀下的蛋里孵出了一只鹞鹰。

古人讲究天人合一,凡自然灾害或者奇异之事,都被看作上天对执政者的警示或某种暗示,而且都有专门的官员负责占卜和解读。宋康王对这个灾异进行了占卜,结果是大吉:小而生大,必霸天下!宋康王大喜。立即动员全国兵力,大开征伐,果然非常顺利。先是灭掉另一个小国——滕国,又先后打败齐国、楚国、魏国。

宋康王一下子骄傲起来,牛上天了,不知道自己姓什么了。射天鞭地,捣毁神坛,意思是天地鬼神我也不服了,我就是老大了。于是,宋康王不分白天黑夜地饮酒作乐,手下的马屁精们都高呼万岁,院子里的士兵们也跟着高呼万岁,外面的老百姓们也跟着喊,完全进入一种集体无意识的状态。

各大诸侯国都被气坏了。齐湣王乘机调集大军,一下子就把宋国给灭了。齐湣王是齐宣王的儿子,齐宣王在占领燕国的那一年去世,传位给齐湣王。

齐湣王这时本该见好就收的,可是他也犯了与宋康王一样的毛病，也一下子骄傲起来。以为自己可以横行天下了，继续挥师南下，打楚国，同时向西打赵、魏、韩，甚至想把东周和西周两个公国灭了，自己要做天子。手下两位大臣劝他冷静点，悠着点，都被他给砍了。

而燕昭王的机会终于成熟了。公元前284年，乐毅率领燕军长驱直入，大败齐军，一举攻克齐国都城临淄。齐湣王被迫逃亡，在逃亡路上被手下杀死。

宋康王、齐湣王的故事，给我们揭示了历史的一大教训：骄致败。不论君主还是权臣，绝大多数都是败在这个骄字上的。此后，历史上这样的例子比比皆是。

乐毅率领燕军占领齐国大片领土的同时，他很注意做一件事，就是积极访求当地的贤人，然后想办法拉拢过来，让他们接受现实，拥护燕国的占领，以在民众中取得示范效应。他听说昼邑有个叫王蠋的人，有贤良之名，便让军队不要进这个地方，而保护起来。然后，派人去请王蠋，其实主要是威胁：你必须拥护大燕国，你要敢不从，我们就把你这个地方的人全部杀光！

王蠋不为所屈，丢下一句流芳百世的话，就自杀了。他说：

忠臣不事二君，烈女不更二夫。

（出自《资治通鉴·周纪四》）

贞节之女不会嫁给两个男人；忠义之臣也不会效命于两个国君。

对于王蠋的做法，乐毅很敬佩，但王蠋的这句话，他似乎不以为然，在后来发生的事情中，我们会发现他把自己当作一个职业经理人，根本不管什么事二君、事三君。

乐毅大军很快就踏平了齐国，除了即墨和莒城这两座小城久攻不下之外，齐国全境都被占领了。

为什么即墨打不下来呢？因为，守城的首领是个了不起的人物，谁？田单。

田单本来只是个小官，他的家在齐国的安平。在燕军攻打安平时，田单提前让家族的人把车轴都换成铁的，格外结实。安平城快要失守时，城里的富人们纷纷驾车外逃，在城门处，很多车互相碰撞，很多车轴都折了，唯独田家的车最坚固，得以冲出，逃到了即墨。

田单在即墨被推举为首领，守城拒燕。

乐毅见即墨久攻不下，索性不攻了，将军队从城下撤退十来里，安下大营，围而不打，就这么相持着。一晃就是三年。

很多人都认为，乐毅这是留了一手。有人向燕昭王进言：齐国的七十多城，乐毅在呼吸之间都给打了下来，凭什么打不下最后这两座小城呢？分明是为了挟兵自重。他现在已经是事实上的齐王了，之所以不敢挑明，是因为老婆孩子还在燕国。可是，齐国美女也很多，哪一天他不要老婆孩子了，您就彻底控制不了他了。

燕昭王心里清楚，可是他非常持重，当着群臣的面，把这个进言的人给杀了，罪名是挑拨离间，他说：乐毅平了齐国，报了燕国的世仇，这么大的功劳，他就应当成为齐王。那样的话，我们世代结好，多好啊。

然后，燕昭王给乐毅写信，要正式拥立乐毅。对乐毅的老婆孩子也都是王后、王子的待遇。乐毅则不断向燕昭王表达忠心：我是半点称王的心也没有啊，最后这两个小城，实在是打不下来。

总之，君臣之间保持着相对的平衡。

公元前279年，燕昭王薨，即位的燕惠王把这个平衡给打破了。因为，燕惠王在当太子时，对乐毅有所不满，所以，一即位就要把乐毅从齐国占领区召回。还有一个原因，就是此时即墨城中的田单搞了一个离间计。

田单当然不甘心困守孤城，他也一直找机会反击，可是，乐毅太精明了，一点破绽也没有。田单便散布一个传言：齐国剩下的两座小城，其实早已不堪一击。只是因为乐毅有私心，不想打，才坚持到现在。燕国随便派个将领来，把乐毅换走，就可以一举拿下。

乐毅接到召回的命令，他明白，回了燕国肯定会凶多吉少。怎么办？造反吗？他舍不得家人，也不想辜负燕昭王。于是，悄悄逃亡去了赵国。

乐毅走后，他的手下将士根本不服新派来的将军，军心浮动。

田单则准备反击。他先下了一道奇怪的命令：要求人们在吃饭前都要在院子里先祭一下天神。这样进行了几天，人们发现很多鸟在即墨城的上空聚集盘旋。田单宣称：这些鸟就是天神派来的，天神马上就要来帮助我们了！其实，那些鸟都是被祭品食物吸引来的。田单还找了个人，装成大神，每天自己对着这个大神行礼问安。这样一来，人们以为有神相助，士气大涨。

然后，田单又放出一条假消息，说：燕军如果把齐军俘虏的鼻子都给削了，放在阵前，即墨就会不攻自溃。燕军信以为真，照做。城中齐人看在眼里，怒火燃胸膛，誓死不投降，因为投降要被削鼻子。

田单感觉还是差点火候，又放出一条假消息：燕军如果把即墨城外的齐人的祖坟给刨了，齐人就都得崩溃。燕军是画道就跟着走，又照做。城中齐人看在眼中，都抱头痛哭，恨不得立即冲出城去决一死战，把燕国士兵都碎尸万段。

田单觉得差不多了，开始把全城男女老少都整编起来，能拿兵器的全部准备作战，他自己的老婆孩子也不例外，自家的粮食也全部拿出来分了，全城上下空前团结。

同时，又派人给燕军送去投降信：我们实在坚持不了了，咱们商量一下吧，我们要投降的话，给我们怎样的待遇？

为了让这个投降的戏演得更真实，田单还授意城中富户，悄悄出城向燕军将领行贿，希望将来燕军破城后给自家以优待。

燕军彻底放松了警戒。

决战的这天终于来到了，田单把城中的上千头牛集中在一起，给牛身都披裹上画着龙纹的布，犄角都绑上刺刀，尾巴都缠上用油脂浸泡过的干苇草。等到半夜，就把这些牛驱出城门，尾巴点着，上千头龙纹火牛势如天降一般朝燕军大营直冲过去，五千敢死队壮士紧随其后。同时，即墨城内锣鼓大噪，没锣没鼓的就随便敲个响声大的东西，声震天地。

燕军一下子蒙了，大乱，大败。

紧跟着，各地齐人也纷纷而起，很快就把齐国光复了。

　　田单这个故事，教给我们怎样周密地、一环扣一环地去设计方案，解决问题。不过，这个故事里有个问题，一座小城，被围困了三年，怎么还会有牛呢？照理说，人们早已把牛给杀了吃了，然后饿得啃树皮了。除非，乐毅是存心养着这个城的。这一点，没法考证了。

　　燕军被打败时，乐毅正在赵国被尊宠，还是那句话，狼走遍天下吃肉。前面也讲了，他算是个职业经理人，到哪都能凭本事吃饭。

　　而燕惠王后悔了，他这时才理解了老燕昭王的为政智慧更高明。他给乐毅写信，希望乐毅念在老燕昭王的情谊上，重回燕国。

　　乐毅给燕惠王回信：当年伍子胥辅佐吴王阖闾成就霸业，君臣相得益彰，那感觉太好了。可是，阖闾死后，新的吴王夫差就把伍子胥杀了扔到江里。我怕自己重走伍子胥的老路！不过，有这么句话：

　　古之君子，交绝不出恶声；忠臣去国，不洁其名。

（出自《资治通鉴·周纪四》）

　　古代的君子即便绝交了也不会说什么难听的话，不会把话说绝；忠臣不得已而流亡国外，也不会说原来国君的坏话，而宁可让自己背恶名。这一点，我是能做到的！请您监督吧。

　　乐毅这样一讲，燕昭王心服口服，也领会了其中的深意。乐毅不把事做绝，他当然也不能把事情做绝，于是继续善待乐毅在燕国的家人。

　　最终，乐毅得以来往于燕国与赵国之间，在赵国得以善终。

　　乐毅提到的伍子胥这种情况，这种一换主子就出事的问题，在当时是个普遍问题，前面讲的商鞅之于秦孝公，张仪之于秦惠王，都有这个问题。所以，为臣者要想长久，就得既跟现在的主子好，又要提前跟他的继任者搞好关系。可是，这样又会被现在的主子猜忌。正所谓，"为君难，为臣不易"。

　　关于为臣不易，田单接下来的故事正可以说明这个问题。

第八回　齐国君主及权臣的门客们

公元前279年，田单发动绝地反击，用火牛阵大败燕军，收复了整个齐国，立下不世功勋，对于齐国可谓有再造之德。可是，也有了一个问题：功高盖主。主是谁？齐襄王。

第七回讲到，燕军攻破齐国都城临淄，齐湣王逃亡，途中被手下杀死。他的儿子们多数也都在乱军中死了，只有一个叫田法章的儿子隐姓埋名，逃到了莒城，投奔在一个小官的家里做用人。在人生最低谷的时候，他遇到了爱情，被这家的小姐看上。小姐觉得田法章相貌不凡，心生爱意，常常偷了家里的衣服、食物送给他，慢慢便私订终身了。

当时齐国只剩下两座城，一个是田单为首的即墨，另一座就是莒城，莒城里聚集了不少齐国的文臣武将。他们看齐湣王死了，国不可一日无君，就在民间寻找齐湣王的子孙。最终找到了田法章，把他拥立为新的齐王，就是齐襄王。这家小姐也就成了王后。够浪漫吧？

　　不过，这位小姐他爹可不觉得这件事浪漫，当了国丈了他也不高兴，反而觉得闺女私订终身辱没了家门，竟然终身不认这个闺女了。司马光讲这一段时，给这位小姐他爹大大地点赞。现在肯定不行了，这是自由恋爱！所以，读史书要注意，**不能用现在的标准来评判古人。反过来也一样，不能拘泥古人的眼光来看现在的问题。**

　　再说田单，他把燕军打跑之后，便把齐襄王迎回了临淄。齐襄王当然很感激，封田单为丞相，一人之下，万人之上。不过，时间稍久，齐襄王感恩的想法就淡漠了，肚子里面就开始泛酸水。田单对人只要有点小恩小惠的仁义之举，齐襄王就以为他是在收买人心，对自己不利。

　　这也难怪，因为他祖上田成子不就是靠这手夺了姜姓的齐国嘛。怎么办呢？总不能禁止田单行善吧。哎，那谁，你不能做好事，不能当好人！这话不能讲。怎么办呢？齐襄王就像得了病似的，备受煎熬。

　　有一次，齐襄王又听说田单做好事了，气坏了，独自在后院转悠，一下子脱口而出：这个田单就是在收买人心，这是要夺我的齐国！说完了就后悔了，四下看，他也怕田单听去，没凭没据的，作为君主这话不能随便讲的。这时，旁边只有一个老宦官。

　　齐襄王问：听见我说啥了吗？

　　老宦官说：听见了。

　　齐襄王索性问：你说说，怎么办呢？

　　老宦官笑着说：

王不如因以为己善。

（出自《资治通鉴·周纪四》）

　　您应当因势利导，把田单的善行转化为您自己的善行。您可以这样，经常地当着众人之面，教谕田单，让他全力救助弱势群体，多多行善。慢慢地，人们会形成一种认识，田单所做都是您授意他做的。田单落的好，不就都成了您的好了吗？

　　齐襄王挺高兴，如法炮制，因以为己善，真的效果明显。心里就踏实了，总算过了这么一道坎。

　　可是，不怕没好事，就怕没好人，齐襄王身边有九个宠臣，都想算计田单。有次齐襄王派一个叫貂勃的人出使楚国。貂勃一去好几个月，待在楚国没回来。这九个宠臣就开始上坏话：貂勃是田单的人，这么久不回来，肯定在帮着田单拉拢楚王，要打您的歪主意呢。

　　这话很快传到田单耳朵里。怎么办？他立即免冠、徒跣、肉袒来向齐襄王请罪。免冠就是不戴帽子，徒跣就是光着脚，肉袒就是赤裸上身，这是那个时期死刑犯行刑时的打扮，这一行为表达的意思是，您要是不信任我，就把我砍了吧。

　　齐襄王还不至于浑蛋到这个地步，说：没那么严重啊，咱们都好自为之吧。

　　过了几天，貂勃终于回来了，他向齐襄王解释清楚了自己晚归的原因。齐襄王松了口气，他高兴地设宴请貂勃喝酒。

　　酒喝到兴头上，齐襄王突然对旁边人讲：哎，你去把田单叫

来！一块喝酒。

貂勃闻听此言，立即给齐襄王跪下磕头。

齐襄王很诧异：你这是干吗呀？

貂勃说：大王啊，您觉得自己比周文王、齐桓公怎么样？

齐襄王回答：我哪里能比得了他们。

貂勃讲：周文王这么能耐，他称呼姜子牙什么？"太公。"齐桓公这么能耐，他称呼管仲什么？叫"仲父"。田单丞相给齐国、给您立的功劳不亚于姜子牙、管仲，可您怎么能这么随随便便直呼他为"田单"呢？田单以区区即墨三里之城、七里之郭、残兵七千人，就大破燕军，光复了千里齐国之境。他要是想做王，早就做了，谁也阻止不了。可是，他秉持忠义，把您迎回来，您才得以治理齐国百姓。您竟然这么轻率地直呼他为"田单"，即便是个小孩子也不会犯您这样的傻啊。

这番话可谓当头棒喝。齐襄王幡然醒悟。他醒悟什么了？醒悟应该感恩了吗？感恩是次要的，他醒悟了：如果他不感恩，就可能被杀掉。于是，齐襄王杀掉九宠臣，加封田单万户食邑。

从这件事可见，"灯不点不亮，话不说不明"，充分的沟通是重要的。如果有的话双方不方便直接讲，那就需要找一个为自己说话的有分量的中间人。

经了这两件事之后，田单与齐襄王的关系终于平衡了，直到公元前265年齐襄王去世。

之后齐襄王的儿子田建即位了。这时真正掌控齐国大权的是谁呢？不是田单，而是那位跟齐襄王私订终身的小姐，也就是田建的老妈，史称"君王后"。这对母子的故事后面再说。

田单则在齐襄王死后，去赵国做了一段时间的丞相，然后又回到齐国。具体的原因史书并没有记载。史书对田单最后的记载是公元前250年，齐国再遭燕国攻打，田单又一次率兵抗燕。

这中间有一段奇人奇事。当时燕国大将攻占了齐国的聊城，田单带领齐军打了一年也没能夺回。燕军也快吃不住劲了，本想着撤回燕国，但这个燕国大将面临当年乐毅的问题，被燕王猜忌，回去后很可能被杀，只好继续硬撑着。

就在这时，齐国的一个高人、名士，也是田单的朋友，叫鲁仲连，就给这个燕将写了封劝降信，绑在箭上，射到了城里。**这封信写得太高明了，《战国策》里全文抄录，一千多字，这封信句句都说到了痛点，这位燕国大将看完信后，大哭三日，最终还是进退两难，只好自杀。**燕军大乱，聊城被顺利夺回。

田单把这个情况向齐王汇报，齐王要封给鲁仲连官爵。鲁仲连则坚辞不受，甚至逃到了海岛上去躲这个事。为什么呢？因为他是高人，他说：与其富贵为官但要看人脸色，还不如做个自由的穷人，做自己想做的事。

高人就是这么高尚其事，特立独行。高人还得有一个特点，就是聪明，高人必须是个智者。

在这之前，齐襄王时期，鲁仲连与田单之间还有一次交集。当时田单要去攻打北方的狄人，鲁仲连对他讲：你打不胜。田单不服。然后，打了三个月，真就打不胜，损兵折将。田单只好又来找鲁仲连请教：鲁先生啊，怎么之前我带着几千人就能把十万燕军扫平，现在却打不下小小的狄人呢？

鲁仲连讲：您此前能建奇功是因为"将军有死之心，士卒无生之气"，您和将士们那时都是抱着必死之心，拼了命地打。现在不同了，您和将领们都荣华富贵、锦衣玉食，"有生之乐，无死之心"，都贪生怕死了，所以打不胜。一番话说得田单心服口服。再次回到前线，田单身先士卒，彻底找回之前不要命的状态，一鼓作气，大败狄人。

田单的故事就讲到这里。在齐襄王时期，齐国还有一个大人物，就是孟尝君，著名的"战国四君子"中的头一位。不过，这时已是孟尝君的晚年了。

孟尝君的故事要从他的父亲靖郭君讲起。这里有个问题：为何他叫孟尝君，他爹叫靖郭君呢？这个某某君，其实类似一个荣誉称号。比如，商鞅的封地是一个叫商的地方，他就号商君。有的人没有实际的封地，但也有爵位，也受国君优宠，也有这样的一个号。不过，据《史记》记载，孟尝君是谥号。其实，靖郭君叫田婴，孟尝君叫田文。

靖郭君是齐威王的庶子，齐宣王的异母弟弟，在齐宣王手下做丞相，执掌大权。有一次，他想扩建自己的封地薛城，想好好修缮一下，以后万一遇到什么意外之事，以作退身之地。

对此，他的一个门客反对，对他说：您这个想法不对，这样做只能劳民伤财，得不偿失。您听说过海大鱼吗？海里的一种大鱼，很大很大，用网网不住，钓也钓不起来，人根本治不了它。可是，这么厉害的大鱼一旦离开水，则蝼蚁制焉，一群小蚂蚁就能把它啃烂。对您来讲，稳稳当当抓住齐国丞相之权，就像大鱼在水。一旦抓不住这个权力了，那就像大鱼离开了水，任凭您把薛城建得再好，也保不了您的。

靖郭君一听，此话有理，就不弄了。

靖郭君共有四十个儿子，孟尝君在其中本来是排不上号的，因为他的母亲只是一个身份卑微的小妾。但孟尝君极有才干，他极力结交他爹的那些门客，没事吃吃喝喝，给予小恩小惠，也颇为谈得来。这些门客也常在靖郭君跟前夸孟尝君：您这儿子最优秀了，太适合继承您的事业了。最终，在靖郭君死后，孟尝君继嗣了爵位和封地，继续做齐国丞相。

刚才说，靖郭君的门客很聪明，是得力高参。到了孟尝君，他的门客就更厉害了，他是著名的"战国四君子"中的头一号，手下门客有数千人之多。

那么，什么叫门客呢？《资治通鉴》中有这么一段话：

孟尝君招致诸侯游士及有罪亡人，皆舍业厚遇之，存救其亲戚，食客常数千人，各自以为孟尝君亲己，由是孟尝君之名重天下。

（出自《资治通鉴·周纪二》）

意思就是，孟尝君极力招揽网罗从各诸侯国出来闯天下的人们，比如类似苏秦、张仪这种纵横之才，或者类似孟子这种到处兜售自己治国思想的学者。除了这些有才能的人之外，他还招揽很多罪犯，这里面很多都是牛人。孟尝君把这些人招到手下，有的给安

排点管理工作，写个材料，管个账目，收收地租，管个工程，有的就给出出主意，还有的就闲养着，有事时再说。这些人就叫门客。

门客们不是社会的最底层，而是**贵族的最底层——叫作"士"**的这个阶层。士的上面是大夫，大夫上面有王、公、卿，在等级制度中，士虽然在贵族的底层，但人数众多，是社会的重要力量。所以，**孔子、孟子的很多修己治人的理论，都是针对"士"这个阶层讲的，比如修身、齐家、治国、平天下，这就是士应当努力的方向**。孟子讲"士尚志"，士都是有志向的，是一群理想主义者。从另一个角度讲，士又是"四民"之一，"四民"即士、农、工、商，如果一个人不种地，不做工，也不经商，那大概就是士。

孟尝君不但把这些门客养起来，还要在他们身上进行感情投资，谁家里亲戚朋友摊上什么事，他都给出头摆平。这样，他和这些门客之间既有利益，又有情感，关系很紧密。而这些门客人数众多，藏龙卧虎，就形成了很大的势力。

在齐国被燕军占领时，孟尝君带着门客们就能守住他的封地薛城，甚至可以从齐国独立出来，成为一个独立的小国。后来，燕军撤出齐国后，齐襄王也不敢将薛城收回。直到孟尝君死后，他的儿子们争夺继承权，那时，齐国才把薛城给收回来。可见门客真不是吃闲饭的。

那么，这么多门客，到底怎么管理呢？接下来，就讲几段小故事，都是孟尝君和门客的事，对于今天的管理者们可能有启发。

第一个故事，讲一个叫冯谖的门客，他来投奔孟尝君。

孟尝君问他：您有什么特长吗？

冯谖答：没有。

孟尝君又问：有点什么爱好不？

冯谖说：也没有。

孟尝君一皱眉，他打量了冯谖两眼，这小伙子背着个大宝剑，有几分气概，就把冯谖收下了。但是，他给冯谖的待遇是最低的。孟尝君的门客也分三六九等：上等待遇吃饭有鱼，出门有车；中等待遇吃饭有鱼，出门无车；下等待遇无鱼、无车，只够个温饱。

冯谖来投孟尝君之前都快混不上吃喝了，现在能有个温饱，也该满足了吧？可他没有。过了没两天，他便弹剑而歌，就是拿着大宝剑打着拍子吆喝：长铗归来兮，食无鱼。大宝剑啊，咱们回去吧，这破地方，饭菜里没鱼。

手下人跟孟尝君汇报：冯谖这小子够矫情的，想吃鱼。

孟尝君一笑：没问题，照办，菜里加鱼。

冯谖吃了两天鱼之后，又弹剑而歌：长铗归来兮，出无车。大宝剑啊，咱们回去吧，这破地方，出来进去的也没个车坐。

人们听了都笑话他：这小子也忒拿自己当人了。

没想到孟尝君听说后，立即给他配了车。

冯谖吃有鱼，乘有车，享受着上等门客的待遇，该知足了吧？没有。过了两天，他又开唱了：长铗归来兮，无以为家。大宝剑啊，咱们回去吧，这地方虽然不错，但毕竟不是咱的家啊。

人们都怒了：这人也太得寸进尺了，他还想干啥啊？

孟尝君听说后，问手下人：他家里是不是还有什么人啊？

手下人说：确实，他还有个老母亲，挺穷的。

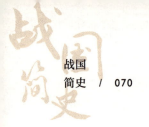

孟尝君立即安排人给冯谖的老母亲送去衣食财物，足够老太太养老了。

从此，冯谖没动静了。

讲到这里我们会发现，冯谖的一次又一次要待遇，类似于今天的我要加薪、我要休假，虽然他的同事们觉得他很过分，但作为老板的孟尝君不但不反感，反而很配合，甚至有一种欣赏的态度。为什么呢？因为高明的老板都相信，敢要待遇的人肯定是有本事的。不怕你要待遇，就怕你没本事。

那么接下来，冯谖的表现会不会让孟尝君失望呢？没有！《战国策》里讲：

孟尝君为相数十年，无纤介之祸者，冯谖之计也。

（出自《战国策·齐四》）

孟尝君在齐国做了几十年丞相，一丝一毫的祸患都没遇到过，全靠了冯谖的帮助。

第九回　孟尝君和他的门客们

　　有一天，孟尝君要找个人去他的封地薛城收地租，收债。所谓封地，大致就是国君看你有功劳，或者你有血脉关系，或者看你顺眼，就给你划出一片地方来，这个地方就是你的封地。封地里老百姓种地要交的租税，都交给你；服役也是给你效力，你让干什么就干什么。你就是什么呢？说白了就是大地主。

　　帮地主讨债，这肯定是得罪人的活儿。虽然不像现在讲的，"欠债的是大爷，要债的是孙子"，但讨债在当时也不是个好干的活儿，所以孟尝君的门客们都有点怵头。

　　这时，冯谖来主动请缨：丞相，这事我去办吧。

　　孟尝君一愣，一下子没认出冯谖来。怎么呢？这叫"贵人多忘事"。他不会把对谁谁的恩惠天天记在心里。

　　旁边人赶紧提醒：这不就是那个弹剑要鱼的冯谖吗？

　　孟尝君笑了：哎呀，您看我这记性，冯先生，我就知道您是有能耐的人。

　　然后孟尝君就把所有的地契、欠条之类都给了冯谖。

冯谖临走时问孟尝君：丞相啊，等我把钱收上来之后，要不要买点啥货礼给您捎回来？

孟尝君随口答：你看咱家里少啥就买点啥吧。

冯谖便带着这些地契欠条去薛城了。然后，没过几天，回来了。

孟尝君很奇怪：哪有这么快啊？别人去，怎么也得苦干两三个月，才能把钱催缴上来。而且，收上来的钱够拉几车的，可冯谖空着手、空着车，就回来了。

孟尝君问：冯先生，您收的钱呢？

冯谖答：我都给您买了货礼啦。

孟尝君着急地说：都买货礼了？您买的啥货礼，我怎么看不见啊？

冯谖一笑：您不是说，让我看家里少啥就买啥吗？我看，您现在锦衣玉食，童仆成群，钱财如山，只缺一样东西，就是封地薛城百姓对您的感恩。所以，我到薛城之后，就宣布您把那些欠租、欠债全部免除了，那些地契、欠条都一把火烧了。老百姓们太感动了，都对您感恩戴德，我就是把这个"感恩"给您买回来了。

孟尝君的鼻子差点气歪了：好了，好了，您下去歇着去吧！

此事过去不久，齐宣王薨，国君换成了齐湣王，一朝天子一朝臣，齐湣王看孟尝君不太顺眼，将其罢免：丞相甭干了，回你自己封地去吧。

孟尝君没办法，只好带着老婆孩子回薛城。在路上，孟尝君的心情沮丧至极，现在他就像那条离了海的大鱼，失势了，吉凶难测，好多门客也都弃他而去。正走着，眼看着离薛城还有百十来里路时，让孟尝君惊喜感动的一幕出现了。

怎么啦？薛城的老百姓们竟然都扶老携幼地赶来迎接他，迎接出百十来里地。老百姓们眼里都是崇敬和感激，孟尝君的心一下子踏实了：我这真是回家了啊！转回身，攥住冯谖的手：冯先生啊，您给我买的这货礼，今天我算是正式收到了，太贵重了！

冯谖哈哈大笑。他对孟尝君讲：狡兔三窟。狡猾的兔子会给自己造三个窝，那样才安全。您现在有了封地百姓的民心和拥戴，这只是一窟而已，还不能高枕无忧。我再帮您造两窟，就万无一失了。

之后，冯谖跟孟尝君要了十几辆车，拉着五百斤黄金出发了。干吗去？游说去。他把自己包装成一个苏秦、张仪式的人物，去了魏国，把当时的魏惠王给忽悠了一通，大致是讲：孟尝君是天下难得的英才，现在在齐国刚刚被免官，各个诸侯国都抓住这个机会，纷纷邀请孟尝君去他们国家做丞相。哪个国家要能把孟尝君请到手，肯定就能富国强兵，称霸天下。您还不抓紧吗？

魏惠王一下子就被忽悠住了，立即把丞相免了，空出这个位子来，虚位以待。接着便派出豪华使团，带着重礼来请孟尝君。

孟尝君按着冯谖提前教好的，婉拒之：谢谢魏王，谢谢你们，我干丞相也干累了，得休养休养。

魏国再请，孟尝君再拒绝。

魏国还要请。这时候，这个动静已经搞得老大了，齐湣王的心里早就长草了：看来这个孟尝君是真了不起啊，真要给别的国家效力，齐国那不亏大了吗？于是，赶紧派人来向孟尝君道歉，请其回国都，官复原职，继续做丞相。

这时，冯谖又跟孟尝君讲：现在两窟已经造好了，接下来的第三窟，得麻烦您自己去找齐王，请求齐王在薛城也建一座田氏的宗庙。

宗庙就是祭祀祖宗的庙，里面供奉着祖宗牌位。按照礼制，诸侯可以有五处宗庙，而且孟尝君跟齐湣王是同一个爷爷。所以，孟尝君向齐湣王一提这个请求，立即就被批准了。

那么，这怎么就成了一窟了呢？有什么用呢？

若干年后，楚国攻打齐国，薛城的位置正好首当其冲，楚国重兵攻打薛城。齐王不想派救兵，他对孟尝君还是心存芥蒂——你活该挨打。可是，身边有人提醒，薛城有田氏的宗庙，祖宗牌位在那里呢，如果落到楚国人手中，那是对祖先的大不孝啊！齐王只好派兵，保住了薛城。

孟尝君与冯谖这段狡兔三窟的故事，反映出中国传统文化中一个最重要的思想智慧：保身。这也是儒、道两家都格外强调的。《诗经》讲：

既明且哲，以保其身。

（出自《诗经·大雅·烝民》）

《中庸》里也引用过"既明且哲，以保其身"，也就是"明哲保身"。《诗经》《中庸》都是儒家"四书五经"里面的经典。儒家思想是比较偏向理想主义的，可**在偏向理想主义的同时，也要尽量保护好自己**。

道家就更强调这一点了，道家提倡的"柔弱胜刚强""处下不争"等，说到底都是为了保身。《道德经》讲：

名与身孰亲，身与货孰多？

（出自《道德经·第四十四章》）

声名和货利都不如身家性命、身体健康更重要。

那么，如何保身呢？冯谖的"狡兔三窟"，可以说就是三条保身之道。

第一条：**你摔下去时，谁接着？**孟尝君被罢了官，失势了，摔下去了，谁接着？是他封地的老百姓。你风光时，用不着这些人，但要怎么做？要提前把这些人团结好。用曾国藩的话讲，就是"上场当念下场时"。

第二条：**要有外部的支撑。**孟尝君虽然在齐国这个圈子里混，但不能把自己局限在这个圈子里，关键时刻要能从外部借势。

第三条：**要与老大保持利益的一致。**孟尝君要想保住薛城的利益，就要让薛城成为齐王利益的一部分。

孟尝君跟门客的第二个故事有点八卦，也是《战国策》里记载的，说有个门客与孟尝君的夫人"相爱"。注意，原文就是用的

"相爱"这个词。至于相爱到何种程度，《战国策》没讲，只说有
人将这个情况报给了孟尝君：您看这小子吃您的，喝您的，还想抢
您的夫人，太不是玩意儿了，要不要杀了他？

这事要搁别人头上，这对狗男女肯定好不了了。可是，你猜孟
尝君怎么讲？他说：

睹貌而相悦者，人之情也。

（出自《战国策》）

异性相吸嘛，我夫人长得漂亮，这个门客也很帅气，他们相爱
是正常的。这个事以后就不要提了。

真够大气啊！然后，孟尝君头上顶着这点绿，悠悠然又过了
一年，最终还是沉不住气了。有一天，他派人找来这个门客。这个
门客很紧张，心想：是不是要对我下手啊？可没想到，孟尝君对他
讲：您跟我也混了不少年了，也没混出个什么前途来。我跟卫国国
君关系不错，我向他推荐了您，您不如去卫国发展吧。

门客很高兴，赶紧去卫国。临走时，孟尝君还给了他一些
盘缠。

后来，卫国与齐国交恶，卫国国君想联合其他诸侯国跟齐国玩
命。当时，这个门客在卫国很吃香，是国君的宠臣。他竭力劝阻了
卫国国君，算是报答了孟尝君的情谊。

这件事，让我们看到一个大人物的雅量和胸怀。

孟尝君的第三个故事最有名，是讲用人的智慧。前面讲过，孟

尝君的门客有数千，三教九流，什么人都有。不过，多数都是士，是底层贵族，那都算是有身份的人。不过呢？相对于这种身份，孟尝君更看重门客是否有一技之长。这个认识很高明。曾国藩在给兄弟的家书中也讲过一句话：

凡有一长一技者，兄断不敢轻视。

（出自《曾国藩家书》）

有一次，孟尝君就收了这么两个门客：一个门客的特长是模仿公鸡打鸣，叫得与鸡鸣无异；另一个门客的特长是钻狗洞偷东西，是个资深小偷。连这样的人都招，真有点无底线了，其他门客都很不满，感觉与这样的鸡鸣狗盗之徒为伍、做同事，是耻辱。

但孟尝君不以为意，还养着他们。公元前299年，孟尝君经历了一段传奇经历。前面不是讲，魏国曾想请孟尝君去做丞相吗？这一年，秦国也要请孟尝君去做丞相。不同的是，魏国的那次，是孟尝君自己做的局。而秦国这次是来真的，是秦王主动邀请的。秦王，准确地讲是秦昭王，就是前面讲的赵主父跑到秦国去见到的那个秦王，是秦惠王的儿子。秦惠王死后，即位的是秦武王，秦武王很快也意外去世了，换成了秦昭王。关于秦国的情况，后面再补上。

秦昭王久闻孟尝君的大名，当时秦国与齐国正是盟友的关系，就找齐湣王要孟尝君，请孟尝君到秦国来当丞相。为了表示诚意，秦昭王还把自己的弟弟送到齐国做人质。

　　孟尝君实在盛情难却，只好来到秦国。可他到了秦国之后，秦昭王却变卦了。因为有人提醒他：您有爱才之心，前面也有商鞅、张仪之类的外国人来做秦国丞相的先例，这都没错。可是孟尝君不一样，他是齐国王族，肯定是"身在曹营心在汉"啊——当然，那时还没有曹操什么事，反正大致是这个意思。

　　秦昭王便把孟尝君给软禁起来了，下一步很可能要杀掉孟尝君。孟尝君怎么办呢？逃跑呗。可是人家看这么紧，没法跑。他就托人去找秦王的一个宠姬，求她给自己说情。

　　这个宠姬提出条件：我们女人最喜欢漂亮衣服，我听说孟尝君来秦国时带了一件白狐皮袄，把它给我送来，说情的事好办。

　　孟尝君很为难，因为，这件白狐皮袄已经送给了秦王。怎么办呢？

　　这时，旁边有人说话了：好办啊，这事交给我吧。

　　说这话的是谁？正是那个会钻狗洞的神偷。说完，他就蹿了出去，不长时间，真就把那件白狐皮袄给偷了回来。

　　然后，宠姬说到做到，一通撒娇，秦王就把孟尝君给放了。

　　可是，转过天来，秦王又变卦了，派人追杀孟尝君。孟尝君日夜兼程地往东逃，眼看着就到了秦国边境的关口，出了关，就能脱险了，却没想到关门紧闭。按秦国法令，关门只能在黎明时分，鸡鸣之后，才能开门。因为当时没有钟表，人们把鸡鸣当闹钟了。闹钟一响，噢，到点了，开门。

　　孟尝君到达关下时，刚到后半夜，离着开门还有挺长时间。

耳听得后面追兵渐近，就在这万分危急之时，突然一声鸡鸣响彻夜空，引得附近村庄里的公鸡们也跟着响应。门开了！开门大吉，这词可能就这么来的。没错，这次是另外那个门客的功劳。

李白说：天生我材必有用。西方哲学讲：存在即合理。天地间，万物皆有其存在的道理。杯子有杯子的用处，瓶子有瓶子的用处，水桶有水桶的用处，水缸有水缸的用处。虽然都可用来装水，但用处各有不同，不能混淆。用人也是一样，首先要量材，即衡量这个人是个什么材料？当然这个衡量也是需要一些手段的。

刘宝瑞有个单口相声，讲一个县太爷招了三个伙计。一个伙计是慢性子，慢性子好，看孩子有耐心，县太爷就让这个伙计负责看孩子；一个伙计是急性子，急性子好，抬轿走得快，县太爷就让这个伙计负责抬轿；还有一个爱占便宜的，县太爷让这个伙计负责采购，有次让伙计去买棺材，这个爱占便宜的伙计竟然让棺材铺买一送一。

曾国藩也有一个类似的说法：

虽有良药，苟不当于病，不逮下品；虽有贤才，苟不适于用，不逮庸流。当其时，当其事，则凡材亦奏奇效。

（出自《曾文正公全集》）

意思是，即便这是一味良药，如果吃得不对症，也不管用；即便这是一个贤才，让他做自己不擅长的事，可能还不如普通人。在适当的时机，适合的事务上，平凡之才用好了，也能出神奇之

成效。

清朝有人还写过一首诗，讲的也是这个道理：

骏马能历险，犁田不如牛，坚车能载重，渡河不如舟。舍才以避短，资高难为谋。生材贵适用，勿复多苛求。

（出自清·顾嗣协）

关于孟尝君的用人，还有一点要注意，就是有的人才不是拿过来就能用的，而是要先放起来，就像下围棋，先当作一步闲棋冷子，不知哪天就发挥了大作用。类似于"懒蚂蚁效应"的说法，这都是需要用人者思考的。

第十回 · 秦国的三世攻伐

　　请孟尝君到秦国做丞相的秦昭王是秦孝公的孙子。秦孝公死后，传位给儿子秦惠王；秦惠王死后，传位给儿子秦武王；秦武王死后，他的异母弟弟争得王位，就是秦昭王。伟大的功业不是一代人就能完成的，它就像接力赛跑，这几位秦王哪一棒跑得都不错。

　　秦孝公重用商鞅实行变法，为秦国打下了一个富国强兵的体制的基础。秦惠王最大的功劳是什么呢？是吞并巴蜀。

　　公元前316年，秦国南邻的两个小国巴国和蜀国互相攻打，他们都来向秦国搬救兵。这有点像老鼠打起来，来找猫搬兵。猫怎么会想着救谁呢？秦惠王一想：可以趁火打劫，这是攻占这两国的好机会。

　　只是，东边的韩国正在侵袭秦国边境，秦国兵力有限，两边同时出兵肯定不行，怎么办呢？打韩国，还是打蜀国？秦惠王召集大臣们商议。

　　当时张仪正在秦国，他主张打韩国，他讲：

争名者于朝，争利者于市。

（出自《资治通鉴·周纪三》）

你要争名就到朝廷去争，你要争利就得到市场去争。你要做什么事，首先得想好，自己到底是图什么，得朝哪个方向干。韩国地处中原，紧邻周王室，打韩国是逐鹿中原，接下来可以问鼎天下，这跟咱秦国的战略方向高度一致。

另一个大臣司马错反对张仪的意见，他主张伐蜀，他讲：

欲富国者务广其地，欲强兵者务富其民，欲王者务博其德，三资者备而王随之矣。

（出自《资治通鉴·周纪三》）

要想富国，就得拓广国土；要想强兵，就得先富民；要想称王天下，就得先树立厚德美誉。争霸中原确实很美好，也确实是咱们的最终目标，但咱们现在还不具备这个实力。而伐蜀，不用费很大力气，就可以得到大片国土，这多实惠，这跟那个最终目标不矛盾，看似走的是个曲线，可恰恰走曲线才能最快到达那个目标。

显然，司马错的主张更务实。于是，秦惠王分出一小部分兵力应对韩国，派司马错率大军伐蜀，大胜，吞并了蜀国。之后，又拿下了巴国。国力大盛。

接下来，秦武王在位的时间很短，公元前311年即位，然后公元前307年就薨了。在这四五年间倒是有两个好故事。

有关秦武王的第一个故事是，秦武王派大将甘茂带兵，攻打韩国的宜阳城。临出征了，甘茂却向秦武王提出一个请求：大王，这个仗，我建议别打了，取消这个战略计划吧。

为啥呢？秦武王被说愣了。

甘茂说：您别着急，我先给您讲两个故事。头一个故事是这样的，鲁国有个人，杀人了，**这个人叫曾参，跟那位孔子的学生曾参同名**。有人误以为是这个曾参杀人了，跑去告诉曾参的母亲：大事不好啦，您家曾参杀人啦，您肯定也得受牵累，赶紧逃吧。

曾母很了解自己的儿子，一点也不相信这件事：我儿子怎么可能杀人呢？瞎说。她的手里正摇着纺车，连停都没停。过了一会儿，又有人来向曾母报信：您儿子杀人了，快跑吧！曾母有点慌了，可还在那儿撑着，继续纺线。紧接着，第三个人又来报信：您儿子杀人了，快跑吧，再不跑就来不及了！这回，曾母扔下纺车，什么也顾不上收拾，翻墙而逃。

第二个故事前面已经讲过了，魏文侯派大将军乐羊带兵攻打中山国，打了三年才打下来。乐羊班师回朝，魏文侯扔给他一筐告状信。乐羊明白过来，磕着头说：此非臣之功，君之力也！

讲完这两个故事之后，甘茂挑明了自己的顾虑：韩国这个宜阳城太难打了，不是短时间能打下来的，这中间，肯定会消耗很大的国力，而且，我还不是土生土长的秦国人。所以，这中间，肯定会有很多人劝您放弃，或者进我的谗言、告我的黑状。如果没有您的绝对信任，很难成功啊。

秦武王笑了：哦，你小子还真会说，又是故事又是道理的，不就是给我打预防针嘛。没问题，我发誓，我也学魏文侯，你就放心

去打吧。

之后的情况，果然不出甘茂所料，仗打得很艰难，很多人进谗言，秦武王真就想放弃了。可一想自己发过誓的，只好硬撑着，最终坚持到了成功。

秦武王的第二个故事是个悲剧。秦武王是个大力士，喜欢各种比力气的竞技运动。身边选了一批跟他差不多的大力士，没事比试一下。有一次，比什么呢？举重。当时举重不是举杠铃，杠铃中间是杠，两头大轮子支着，比较安全，万一坚持不住砸下来，杠下面有空间，人不会有事。

秦武王他们举大鼎，司母戊大方鼎那样的，青铜制作，千斤之重。结果，秦武王这次玩大了，史书称其是"绝脉而死"，可能就是用力过猛，血管破裂而死。这样死法的君王也算绝无仅有了。这也给我们提了个醒：玩什么都行，千万别逞强，别玩命。

秦武王意外而死，又没有儿子。谁即位呢？当时的秦国就乱了一阵子，弟弟们都争夺王位。详细的情况，史书也没写。反正最后，就换上了秦昭王。当时，他正在燕国做人质，被燕国人送回来，就做了秦王。

从公元前306年登上王位，一直到公元前251年去世，秦昭王在位56年之久，文治武功威震天下，给他的重孙子秦始皇奠定了一统六国的雄厚基础。可以说，没有秦昭王，就没有秦始皇。

不过，在秦昭王执政的前期，真正掌握国家大权的是他的母亲宣太后和舅舅魏冉。这个"前期"可不算短，大概有四十年的时间。

这位宣太后就是今天电视剧里所谓的"芈月"。其实史书里从来没写过她有"芈月"这么个名字。据说是有人看到兵马俑上，还有什么秦砖汉瓦上有"芈月"的字样，而且又知道宣太后姓芈，就给宣太后安上了。

《史记》里记载：

秦昭王时，义渠戎王与宣太后乱，有二子。宣太后诈而杀义渠戎王于甘泉，遂起兵伐残义渠。

（出自《史记·匈奴列传》）

宣太后与义渠戎王的这段爱恨情仇，《资治通鉴》只字未提。

《资治通鉴》里讲宣太后的只有两三句话。一句是：

昭襄王母芈八子，楚女也，实宣太后。

（出自《资治通鉴·周纪三》）

还有一句是：

王少，宣太后自治事，任魏冉为政，威震秦国。

（出自《资治通鉴·周纪三》）

大致就是说，昭襄王（也就是秦昭王），他母亲叫芈八子，史称宣太后。这是史书里记载第一位有"太后"称谓的人物。说她是"楚女"，即楚国女子，并没说她是楚国公主。《史记》和《战国策》都没说她是公主。"宣太后自治事"，她是亲自管理国事的。史书里，对于秦昭王前期的记载，他的执政事迹，如果都算在宣太

后头上，似乎也能说得过去。

魏冉是宣太后同母异父的弟弟，后来他有块封地叫穰，所以也称为穰侯。穰侯魏冉非常有才干，在秦惠王、秦武王时就已担任要职，对于秦昭王的成功即位，发挥了重要作用。

秦昭王即位之后，宣太后和魏冉首先做的一件事，就是安内，即对王族进行清洗，此前参与争夺王位的王室成员及其支持者全部杀掉。秦惠王的正宫王后、秦武王的王后，也全部弄死。很血腥、很残酷，历史上这样的事太多了。不过，客观地讲，只有这样做，才能保障王权平稳顺利地过渡，才避免了秦国陷入秦献公之前那种动荡局面。

安内之后，开始攘外，秦国的对外扩张全面开始。魏冉和他一手提拔起来的战神级名将白起，带领秦国的虎狼之师，打楚国、魏国、韩国、赵国，打了无数大仗，经常是一场仗打下来，就有数以万计的人被斩首。

比如，公元前293年，白起刚刚被魏冉起用为将军，就率领秦军在伊阙打败魏韩联军，斩首二十四万人！

除了战争，还有政治，两者互相配合，即所谓"胡萝卜加大棒"。比如，今年把楚国打一通，占了楚国八座城。明年，又主动跟楚国和好，交换人质，让楚国接受现状，他再腾出手去打魏国一通，占魏国五座城。转过年来，他又跟魏国和好，腾出手来再去把赵国打一通，占几座城。再下一年，他又跟赵国和好，腾出手又回去把楚国打一通。就这么转着圈打。

这样是不是效率有点低呢，为什么搞这么烦琐呢？因为，秦国的实力并不是很强，如果东方几国按照苏秦的合纵计划，联合起来，铁板一块，秦国也是打不过的。比如，公元前296年，齐、韩、魏、赵等国就曾联合起来，打了一次秦国，就把秦国给打得割地求和。可惜的是，这样的联合太少了。

那么，这一次联合行动是怎样促成的呢？

因为，秦国有个事做得太过分了。什么事？用单田芳的话讲，那叫"小孩没娘，说起来话长"。前面讲过，张仪欺楚，六百里变六里，把楚怀王玩了一通。楚怀王认尿，吃点亏就吃点亏吧，吃亏是福，得过且过。这样一来，秦楚之间的关系就顺溜了，连续好几年都处于"蜜月期"。

中间，楚国为了表示联盟的诚意，把太子送到秦国做人质。这个人质不是现代警匪片上演的，用枪顶着脑袋，一动也不能动的那种人质。他只是在秦国待着，并不限制自由。结果，这位太子因为某事跟秦国一个大臣决斗，把人家给砍死了，之后，他逃回了楚国。这下子，把秦王给惹恼了，派兵打楚国。

楚国连吃败仗，怎么办呢？只好还得委屈太子，再当人质。这回不是到秦国了，是到齐国当人质，为的是向齐国搬兵求救。齐国派不派兵呢？不好说，即便派，这个形势对楚国仍然很不乐观。

楚怀王很煎熬，咋办呢？就在这时，秦国使者来了，秦昭王派来的，给楚怀王送来了一封信。信上说：本来咱们两国已经结盟好几年了，好好的，要不是因为你家这个熊孩子，这个倒霉太子杀我的大臣，我犯得着打你吗？我看，咱也打得差不多了，我这边气也出了。咱们别打了，还是重新结盟吧。你来秦楚交界的武关，咱们见个面，重新定个盟约，和好如初，怎么样？

楚怀王看完了信，心中狂喜：还有这好事呢？秦国主动示好，要和谈。

可转念一想：不对，我让秦国玩得还不够吗？他们准是又玩什么阴谋诡计呢。可是，继续打下去，同样不好受啊。怎么办呢？

召集群臣商量。两派意见。一派坚决反对：您不能去，秦国是虎狼之国，不可信，去了准回不来。

这个反对派代表是谁呢？就是后世著名的屈原。

支持楚怀王去武关的代表人物是楚怀王的小儿子子兰。子兰认为：秦国能拿您怎么样，他们敢劫持了您吗？有史以来也没这种事啊。

最终，楚怀王去了武关。当然他也做了一些防备措施，可惜不如秦国人准备得充分，一进武关，楚怀王就被秦国的特种部队给劫持了，火速给押到了咸阳。

然后，秦国要挟楚怀王，让他割地什么的。楚怀王这一次气坏了——欺负人没这么欺负的，这一次他坚决不认账了，宁死不屈，什么条件也不答应。

秦国的如意算盘是：这边劫持了楚怀王，那边楚国的太子正在齐国做人质，国不可一日无主，楚国肯定会大乱，那样，它就更容易打楚国了。可是，没想到，齐国火速把楚国太子给送了回来，立为国君，就是楚襄王。

秦国白忙活了。

楚襄王即位之后，把他的小弟弟子兰封为令尹，相当于丞相。屈原跟子兰对立，被流放，留下几篇流传千古的楚辞，投了汨罗江。

楚怀王在秦国也曾想办法逃跑，有一次，差点就成功了，可还是被秦国人给追了回去。公元前296年，死在了秦国。

各诸侯国都怒了，看不下去了，秦国也太没人性了，人神共愤，于是才联合起来打了一次秦国。

说到这里，插一句，当时的秦国确实是很不讲道德的，周王朝那套正统的道德价值观，在秦国并不被尊重。长期以来，中原各国"皆以夷翟遇秦，摈斥之"，都把秦国当作野蛮民族，不愿跟他们有交往。

钱穆先生有个观点：不单秦国如此，之前春秋时期的楚国、齐国都有这个问题，受周王朝正统道德价值观影响较小，可是，他们都发展壮大，先后成为实力最强的国家。而最讲究这套道德价值观的莫过于鲁国和卫国，也就是孔子待的这两个国，反而一直比较弱。这是个历史问题。

书归正传。公元前280年，秦国又要故技重演，这一次是约赵王到秦赵交界的渑池会面结盟，渑池当然也是在秦国控制范围里的。当时的赵国也是接连被秦国打败，这时的赵王就是赵武灵王的儿子赵何——赵惠文王。**这也是狠心饿死亲爹的主，谁也不服，有胆量**，他就来赴约了。临走时，赵惠文王派大将廉颇带重兵在边境严阵以待，交代：真有什么问题，不要在乎我的死活，冲上去，打他们。大不了，你们让太子即位。

渑池会面后，谈判都挺顺利，接下来宴会喝酒，两个国王喝到兴头上，秦王跟赵王讲：听说你的瑟弹得不赖，给咱们演奏一曲，怎么样？

赵王没多想，拿过瑟来，秀了一曲，确实弹得不错。

这时，秦国人面露得意之色。赵惠文王这才醒过味来：这帮秦国人要我啊，拿我当优伶。

怎么办呢？这面栽的。他正不知如何是好，跟他一起来的大臣蔺相如开口了：请秦王也表演一个吧，您不是很擅长击缶吗？

秦王一翻白眼，根本不搭理。

这时，让在场所有人意外的一幕出现了，蔺相如以迅雷不及掩耳之势朝秦王冲了过去。秦王身边的侍卫们手疾眼快，立即拿兵器把蔺相如挡住。这时，人们才看清，站在秦王身前的蔺相如手拿一把小刀，顶住自己的脖子，瞪着秦王，声色俱厉：秦王！你想让我死在这里，溅你一身血吗？

秦王被震住了，事先没做过这样的预案，他也不想把场面搞砸，只好服软，也击了一通缶。

赵国不但找回了面子，而且还占了上风。

接下来，会面的流程都走完了，秦国这边也不敢再轻举妄动。赵王平安而回。

赵王回来之后，就给蔺相如升了官，职位比廉颇还要高。廉颇不服，要找蔺相如比试，蔺相如步步谦让，维护大局。最后，廉颇明白了蔺相如的良苦用心，负荆请罪，这就是"将相和"的故事。这个故事太有名了，此处不再赘述。

这件事给我们的启示是什么呢？我认为最重要的启示在于：作

为一代名臣，除了有谋略——知道这个事怎么办，还要有胸怀，能忍让、包容；而更重要的是，要有胆量和魄力。

在这次渑池会面的前两年，蔺相如还有一个完璧归赵的故事，那件事上，主要也是讲胆量和魄力。

《中庸》讲：智、仁、勇，三达德。即智、仁、勇，是人的三个最重要的品质。对于我们多数读书人来讲，做到智和仁都问题不大，读那么多书，当然有点智慧、有点办法，也有点修养和胸怀，但有没有勇气、有没有胆量和魄力才是决定性的。

关键时刻要能冲得上去，豁得出去。博弈论的观点就是，横的怕愣的，愣的怕不要命的，蔺相如不要命了，秦王都怕，事就成了。反之，关键时刻你冲不上去，豁不出去，那就只能"夜想千条路，明早照样卖豆腐"。

第十一回　范雎快意恩仇

秦国三世攻伐，到了秦昭王在位期间达到了高潮。这个高潮不是一下子就完了，而是高潮连着高潮，高潮不断。

秦昭王攻打楚国的高潮是在公元前278年，这一年，白起统率大军，一举打下了楚国的国都郢城。楚襄王只好向东北方向迁都，迁到靠近中原地区的陈地。

陈地跟秦国之间隔着魏国和韩国，相当于有了防火墙。可楚国没想到，这个防火墙不管用，楚国只安生了五年，秦国又要打来了，而且是要带上魏国和韩国的军队一起来打楚国。

这是怎么回事呢？是这样的。秦国在打下楚国的国都郢城之后，又分别在公元前275年和公元前274年两次攻打魏国，穰侯魏冉亲率大军，连打两仗，大败魏军，斩首八万。这还不是高潮。高潮是第二年，公元前273年，魏、赵联军攻打韩国。

有句话叫，戏台下掉泪——替古人着急。我真替他们着急，这都什么时候了，还互相掐呢。韩国被打急眼了，向秦国求救。这跟前面巴国、蜀国向秦国求救是一个感觉。俩小耗子打架，打急眼了，一个耗子就去找猫来帮忙了。于是，魏冉、白起带着大军杀了过来，在华阳大败魏军，斩首十三万。赵军也大败，两万士兵被俘，都被扔进黄河淹死。

接下来，秦军大有一举灭掉魏国的架势。魏王吓坏了，怎么办？有个大臣建议割地求和，把魏国的重镇南阳城割给秦国。苏代反对，他之前在燕国，现在跑魏国来了。他讲：

以地事秦，犹抱薪救火，薪不尽，火不灭。

（出自《资治通鉴·周纪四》）

割地求和，就像抱着柴火去救火，什么时候柴火烧完了，那火才会灭。什么时候把地都割给秦国了，秦国才会满意的。

魏王顾不了那么多了，蛤蟆洗腚臀儿——乐和一时算一时。人家楚国国都都给了秦国了，我有啥舍不得这个南阳的啊，割！

这样一来，韩国、魏国差不多就都被秦国打服了。服了，你就得听人家调遣。于是，秦昭王就准备派白起带上韩、魏两国的军队，一同伐楚。

这时，楚国大臣黄歇正好出使秦国，他率先听到这个消息，大惊：坏了！新国都陈地紧挨着韩、魏边境，首当其冲，一打就完啊。这个国都如果再丢了，非得亡国不可。

于是，他立即上书秦王：您不能打楚国！愣是把秦王给忽悠住了。他怎么说的呢？原文很长，大致是讲了一通物极必反之类的道理。

《诗经》所谓"靡不有初，鲜克有终"，《易经》所谓"狐涉

水，濡其尾"。就是说，做什么事情，不要只看到当下很顺利，最终的结果还很难说，未来永远都充满变数与风险。当年晋国的智伯不就是个例子吗？秦国虽然接连胜利，但您自己的损失也很大。如果继续这样用兵，很可能会被魏、韩抄了后路，那时，您后悔可就来不及了。

秦昭王觉得有道理，放弃伐楚，跟楚国重新结盟。

怎么结盟呢？还是交换人质。第二年，也就是公元前272年，刚过完年，黄歇就陪着楚国太子到秦国做人质。然后，他俩在秦国一待就是十年。这十年里，秦国主要精力还是打赵国，捎带着打魏国、韩国。不过，一直也没有太大的仗。跟楚国维持着大致的和平。直到公元前263年，楚襄王病危。

黄歇着急了：万一楚襄王死了，而太子还在秦国回不去，那肯定就得别的王子即位。自己这十年在秦国的罪不白受了吗？

看秦王的意思，还不想放楚太子回国。怎么办呢？黄歇去找当时的秦国丞相应侯，跟应侯说：若太子回不去，楚国立了别人，对秦国也没好处啊。

应侯跟黄歇关系不错，认为黄歇说得也有道理，于是去找秦昭王说这个事：咱就把楚国太子放回去吧。

秦昭王没同意。

这时候，这个事就僵在这儿了，很明显走正常程序、按规则办是办不成了。怎么办呢？必须得豁出去了，用非常的办法。黄歇让太子化装成一个车夫，潜逃出了秦国。他自己断后，估计太子走远了，追不上了，他去向秦王请罪：我们太子已经偷偷跑回去即位了，这是不得已的办法，您要是气不过，就杀了我出气吧。

秦昭王大怒，真要杀了黄歇。

应侯赶紧求情：大王息怒，别着急。黄歇对他的主子楚国太子是一片忠心，现在太子回去当了楚王，黄歇如果能回去，肯定能当丞相。您饶他一命，也算卖给他一个人情，将来肯定对咱大秦有利。是不是？

最终，黄歇也平安回了楚国。之后，太子即位，就是楚烈王。黄歇真就当了丞相，而且大权独揽，号春申君，"战国四君子"里有他一号。

按下春申君黄歇先不表。先说说这位应侯，他是怎么回事呢？秦国不是穰侯魏冉当权吗？换人了吗？这又是一段好故事。

应侯，也是个封号，他的本名叫范雎，是魏国人，本来在魏国做事。有一次，范雎跟着魏国大使须贾出使齐国。齐王久闻范雎是个人才，于是在跟须贾使团正式会见之后，私下又约见了范雎，还赐给范雎不少好东西。这个事，范雎做得确实有点问题，放在今天，就是违反组织纪律。所以，当时须贾就烦了，回到魏国，就跟丞相魏齐打了小报告，说范雎肯定是齐国的奸细，跟齐王私底下还不知道说什么呢。

魏齐大怒，把范雎抓起来暴打一顿，肋条不知道打折了多少根，牙掉了一地。范雎一边挨打，一边脑子飞转：这是往死里打啊！怎么办呢？干脆我装死吧，否则真就被打死了。于是，他就开始装死。历史上很多大人物都有一个特点，就是都特别会装，会演戏。范雎一装死，就装得特别逼真。打手们一看：嚯，打死了，真不禁打呀。丞相，这个"死尸"怎么办？

魏齐还不解气：死了？活该！把他扔茅坑里！这个臭奸细！

扔到茅坑还不算完，还让人们往他身上滋尿。

范雎躺在屎里，尿滋在身上脸上，一动也不动。那得有多么顽强的意志啊。忍着。过了老长时间，终于没动静了。他微微地把眼睛睁开点缝，发现人们都走了，只剩下一个守卫。接下来怎么办？没别的办法了，必须说服这个守卫帮忙，把自己弄出去。不然，在这茅坑里熏也熏死了。您可以想象一下当时的情景，一个在茅坑里泡在屎尿中的"死尸"，与茅房门口的卫兵展开了一场决定生死的奇葩对话。最终，守卫被说服。怎么说服的？史书说是许诺给守卫钱，可我还是想象不出，他是怎样讲的这个话。

总之，最后，守卫去找魏齐问：丞相，那具"死尸"是不是捞出来扔到外面去啊？

魏齐刚喝完酒，醉醺醺地说：扔吧。

等魏齐睡了一觉，醒过酒来，一想：坏了！立即派人去找范雎的"死尸"。而范雎早跑了。跑哪儿去了？他有个好朋友，叫郑安平，把他给藏起来了。随后，隐姓埋名，改叫张禄，慢慢找机会要逃出魏国。

当时，秦昭王的一个特使王稽正在魏国。范雎就以张禄的身份秘密去见王稽，把自己的才华都秀出来，大得王稽的欣赏。随后，王稽出使任务结束，回秦国的时候，就带上了范雎。

一路上都很顺利，两人坐一辆车里，有说有笑的。快到咸阳时，远远看到西边过来一队人马。范雎人生地不熟，问王稽：这是谁？看着排场很大啊。

王稽说：我也看不大清，应当是我们的穰侯魏冉出来巡视吧。

范雎立即警觉起来：王大人，我赶紧到后面的车上藏起来吧。我听说，穰侯把持秦国朝政，特别反感外国来的游士政客，他若见了我，非得把我遣返不可。

王稽照办，把范雎藏到别的车上。之后，那队人马到了跟前，果然是穰侯。穰侯跟王稽打招呼：你出使魏国很辛苦，这次回来，没有什么游士政客之类的人跟你一块来吧？

王稽答：没有啊，丞相您放心吧。

穰侯：哦，没有就好，这种人最讨厌了，只会出些歪主意，把国家给搞乱。驾，我们走！

看着穰侯逐渐走远，范雎立即下车，跟王稽讲：大人，我不能在车上待了，得藏远点。

王稽诧异：穰侯不是走了嘛，你还藏什么？

范雎说：我听说，穰侯这个人足智多谋，但是反应比较慢。刚才他怀疑车上带了外人，但没有搜查。一会儿，他寻思过味来，肯定会回来搜车的。我先到旁边高粱地里藏一会儿吧。

果然，穰侯很快就折返回来搜查了。

由此可见范雎的厉害，既然打算到秦国来，就先把功课做足，把秦国的主要人物提前研究透。这就是大政客所具有的素质。

接下来，范雎随王稽顺利进入咸阳，并被推荐给了秦昭王。

史书对于秦昭王召见范雎的记载，我感觉不大可信，说范雎进了王宫之后，故意走错了路，秦昭王正好也在往约定见面的那个王宫走，双方正撞见。秦昭王身前开路的宦官冲范雎吆喝：快让开，让开，大王来了！

范雎则装疯卖傻，说：秦国有大王吗？不是只有太后和穰侯吗？

秦昭王在后面听到这话，不但没生气，反而对范雎更加另眼相看。双方正式会见时，秦昭王表现得非常谦卑，请范雎赐教。而范雎竟然还拿了一把，故意沉默不语。秦昭王再三请教：张禄先生，您一定要帮我。范雎在秦国一直用张禄这个名字。

范雎看拿捏得差不多了，才开讲：大王啊，我不是不讲，是不敢讲啊，我要讲的都是您骨肉之间的事，太后是您的母亲，穰侯是您的舅舅，都是您的至亲，谁能说什么啊？可是，您如果总在他们的羽翼之下，或者说是阴影之下，早晚会出问题的。

范雎讲了一大通，既雄辩，利害分析得清清楚楚，又滴水不漏，非常严谨。另外对于秦国未来的发展战略，分析得也非常精到。总之，句句戳痛点，一下子就把秦昭王给忽悠住了。

这时的秦昭王已经即位三十六年，五十多岁了。所谓"当局者迷，旁观者清"，他可能一直处在一个亲情的氛围里，并没有意识到自己的王权是打了折扣的，面临着怎样的危机，也没人敢对他讲真话。结果被范雎给说破了。

长话短说。范雎到秦国后的第五年，终于帮助秦昭王废掉了宣太后，罢免了穰侯。范雎成了丞相，被封为应侯。

再转过年来，宣太后薨。《战国策》记载了她临死时的一段小故事，她有个情夫叫魏丑夫。他们之间的感情很深，深到什么程度呢？深到恨不得同生同死。她临死前，下令：我死后，让魏丑夫殉葬，到下面陪我。魏丑夫被吓坏了：有这么疼人的吗？玩生死恋吗？

最后，他托了一个也被宣太后很宠信的人去说情。这人问宣太后：太后啊，您认为人死之后还知道事吗？

宣太后回答：这个不好说，应当是不知道了吧。

这人又说：太后您看，如果人死后就不知道事了，您让魏丑夫陪您下去，那也没意义啊。您也看不见他、摸不着他，是不是？反过来，如果人死了还知道事，那您领个情夫下去，老秦惠王还不得抽您啊？

宣太后长叹一声：好吧，别殉了。

接着说范雎。在秦国，范雎一直用的是张禄这个名字，张禄丞相，应侯张禄。那时没有身份证，名字说改就改。有一天，害他隐姓埋名的一个冤家对头终于送上门来了。谁？须贾。当初就是因为须贾告状，他才差点被打死。这一次，须贾作为魏国大使，来出使秦国。

范雎很有意思，他穿了一身破旧衣服私下去见须贾。

一见面，须贾大惊：哎呀，范老兄，您没死啊？哎哟，真对不住，当年让您受苦了。您现在在秦国混得怎么样啊？

范雎讲：唉，凑合活着吧，现在给人家当用人呢。

须贾对当年的事确实心怀愧疚，不住地道歉，对这个混得不好的范雎还很同情，留下范雎一起喝酒吃饭，还送给范雎一件名贵的皮大衣。

在叙谈之间，须贾提道：要是有个熟人能给引荐，见见应侯张禄就好了，现在整个天下之事，都是张禄说了算，我这趟出使能不能成功，也都得看他什么态度。

范雎则继续忽悠：这还真让您说着了，虽然我身份低贱，但我家主人跟张禄丞相关系很好，我陪您去就行。

随后，范雎亲自为须贾驾车，直奔丞相府。到了府门前，范雎下车，让须贾先在门外等候：您先等等，我先进去通报一声。

须贾就在门外等着，等了半天，也不见范雎出来，一去不回了。

须贾问守门的：刚才进去的那个范雎先生怎么还不出来啊？

把守门的给问愣了：谁，范雎是谁啊？刚才进去的那是我家丞相张禄！

这好似晴天一个响雷，把须贾给震傻了，立即跪着爬进门去，向范雎谢罪。

此时的范雎身着一身丞相官服，威严无比，对着须贾冷笑道：须贾，你之所以现在还活着，是因为刚才你还有几分故人之意。

然后，范雎大摆筵宴，把各国大使都请来。别人都在座上好酒好菜地吃着，而须贾的脖子被系上绳，拴在院子里，跪在一个马槽前，马槽里面是饲料，必须吃。

最后，范雎对须贾讲：我留你一条命，你回去，告诉魏王，马上给我把魏齐的脑袋送来，不然，我就去屠大梁！把魏国的国都大梁杀光光！

那么，魏王有没有把魏齐的脑袋给送来呢？没有。魏王不怕范雎吗？怕啊，怕得要死。只是因为，须贾回到魏国后，先去给魏齐报了信，魏齐立即扔了丞相的大印，逃跑了，逃到哪儿去了？没人知道。

这是公元前266年的事，直到七年后，也就是公元前259年，秦国这边才听说，魏齐藏在赵王的弟弟平原君赵胜家里。平原君也是"战国四君子"之一，很牛的人物。范雎想了个办法，邀请平原君到秦国出使。平原君到了秦国就被扣下了。然后，通知赵王：拿魏齐的脑袋来换你弟弟吧。

魏齐又从赵国逃走，他本想求魏王的异母兄弟信陵君魏无忌帮忙，希望帮着他逃到楚国，这位信陵君也是"战国四君子"之一。"战国四君子"这就齐了，齐国的孟尝君田文、楚国的春申君黄歇、赵国的平原君赵胜、魏国的信陵君魏无忌，都登场了。

信陵君没帮魏齐。魏齐走投无路，只好自杀。赵王立即派人来，砍下脑袋给秦国送了过去。

这就是范雎的复仇，跟孙膑的复仇一样，都是大丈夫的复仇。

对于曾经在困难时期帮助过自己的人，范雎则是滴水之恩，涌泉相报，家财散尽去报答恩情。《史记》评其：

一饭之德必偿，睚眦之怨必报。

（出自《史记·范雎列传》）

谁要给过我一口饭的恩德，我必定要报偿；谁要哪怕只是瞪过我一眼，我必定还以颜色！

第十二回 长平之战的启示

范雎快意恩仇，他的仇人魏齐在赵国躲了七年。这七年间，秦国和赵国之间的战争如火如荼，空前惨烈。其间有三段精彩的故事：一是触龙说赵太后；二是长平之战；三是除孟尝君之外的"战国三君子"——平原君、信陵君、春申君的联手一战。

先说触龙说赵太后。公元前265年，秦国攻打赵国。赵惠文王于一年前刚去世，即位的赵成王比较年轻，他的母亲赵太后主持朝政。赵国打不过秦国，连失三城。怎么办？于是，赵国派出使者向齐国求救。齐国开出条件：救援你们没问题，不过你们得把长安君送过来，送到齐国做人质。

使者回赵国复命，赵太后一听就烦了：不行！齐国想什么呢？长安君是我小儿子、老疙瘩、命根子，让他去做人质，回不来了怎么办呢？冒这么大风险，这不是要我的命吗？

大臣们赶紧劝：太后啊，这送人质也都是老规矩了，没什么危险，而且秦国大兵压境，毛烧眉毛了，您快答应了吧。

赵太后毕竟是个妇道人家，根本不管那套：爱怎么着就怎么着吧，没危险？没危险怎么不送你家儿子去当人质啊，你们谁再逼我，我就吐谁一脸唾沫。

大臣们都急得团团转，没办法。这时，老臣触龙说话了：我进宫去劝劝太后吧。

赵太后听说触龙来找她，知道又是说长安君的事，拉好了架势，准备吐他一脸唾沫。这时，触龙瘸着个腿，慢悠悠地走进来，到了赵太后跟前，扑通跪下——这个姿势现在叫跪，当时只是坐下。触龙一屁股坐下，说明他跟太后不见外，老臣嘛。触龙坐下之后先道歉：太后啊，好长时间没来看望您了，都怪我这个腿脚有病，总想来，可走道不利索，来不了。您现在身体还好吧？

太后一听触龙的话，含在嘴里的唾沫又咽了。这没法吐啊，人家触龙这话没毛病，不能吐了，随口答了句：哎呀，我这个身子骨也不行了，去哪儿都得坐车。

触龙接着问：您这饭量还行吧？

太后答：也不大行了，硬东西都吃不了，每天就喝几碗粥。

就这么一问一答的，两个老人唠开了家常。太后绷着的那根弦慢慢松了下来：敢情这触龙就是来看看我啊。唠呗。

唠着，唠着，触龙便开始往孩子身上扯：太后啊，您看我这年纪也这么大了，不知哪天就不行了，我最挂心的一个事，就是我那个小儿子，到现在也没个正经工作，将来哪天我要撒手走了，他可怎么办啊？您看，能不能给这孩子安排个工作？

太后：这没问题啊，你给咱赵国都效力一辈子了，给孩子安排个工作有什么啊？孩子多大了？

触龙：哎哟，都十五了，别的孩子我都没这么疼过，越老越疼这个小的。

触龙这句话，一下子激起了赵太后的强烈共鸣：哈哈，你们老爷们也这样啊？

触龙说：可不是嘛，这一点上，老爷们、老娘们都差不多，甚至，不好意思啊，可能比你们女人还厉害呢。

赵太后乐了：这不可能，俺们这老太太们，那是忒疼小儿子了。

触龙接过话来讲：不对吧，我怎么看着，您好像更疼您那闺女啊，就是嫁到燕国做王后的那个？

赵太后立即抢过话来：怎么会，我绝对是更疼小儿子，就是你们那个长安君，闺女可比不了他。

这时，触龙终于讲出了那句流传千古的话：

父母爱其子，则为之计深远。

（出自《资治通鉴·周纪五》）

不对啊，太后，不是有这么个说法吗？做父母的疼爱孩子，都得帮着孩子做长远的打算。您把闺女远嫁到燕国时，您不担心吗？您担心啊，抱着闺女那顿哭啊。闺女嫁出去之后，您不想吗？您想啊，您天天揪着心，烧香拜神，求上天保佑。保佑什么？保佑闺女别回来，让她在燕国踏踏实实地、自立自强地生活下去。这就是"为之计深远"啊，为了让她做稳王后之位，她的子孙长保君王之位。

赵太后不住地点头：对啊，对啊，你这个老家伙确实了解我。

这时，触龙停了下来，微笑着瞅着赵太后，眨着眼睛瞅着。赵太后纳闷了：这什么意思啊？

触龙终于亮出了底牌：太后，那么，您怎样为您疼爱的长安君计深远呢？光把他捧在手上怕冻着，含在嘴里怕化了，锦衣玉食，要什么给什么，这是溺爱，这样养着，只能是害了他啊。您给他什么，都不如给他为国立功的机会，他有功于赵国了，那才是他长远立足的资本啊。

赵太后终于被说服了。

这是一个说服人的经典案例，它的开场漫不经心，不着痕迹，只是随便说点什么无关痛痒的话，只为让对方能放下戒备心，能听进去，能打开话匣子。等到能展开正常的交流了，再慢慢用"钓语"，引导对方往主题上绕。最后，就像小品里演的，那个范伟主动就坐到轮椅上去了。对了，这就是忽悠。钓语，这个词儿是《鬼谷子》里出来的。就跟钓鱼一样，它不像拿网捕鱼的，追着鱼，把鱼强行捞上来，而是搁上鱼饵，吸引着鱼自己游上来咬。

好了，下面讲第二个故事，长平之战。这个故事跟第一个故事是连着的，赵太后被说服后，长安君去齐国做了人质，齐国派出救兵过来，秦军撤退。这是公元前265年。第二年，即公元前264年，秦军又来了，这次不是攻打赵国，改打韩国，连打了三年，把韩国打得够呛。最后在公元前262年，白起率领秦军，打下了韩国的野王。这样，野王北面的韩国上党地区跟南边的韩国国都就被切断了联系，孤悬于外了。

上党的长官慌了，怎么办呢？跟国都联系不上，援军也过不来。秦国大兵压境了，绝对抵挡不住。于是，他把手下人召集起来商量，只有两条道：一条道就是投降秦国，可秦国是咱仇敌啊，这条道走不得；另一条道就是索性向赵国投降，上党往东离赵国的国都邯郸很近。如果赵国接受投降，那秦国接下来肯定会打赵国，这样赵国与韩国便站在一条战线上了，没准哪天上党还能回归到韩国呢。于是，他们派出使者来到赵国：我们来向你们投降了，请派兵进驻接收吧。

赵国当然也不傻，有大臣向赵王指出：

圣人甚祸无故之利。

（出自《资治通鉴·周纪五》）

无故之利，就是无缘无故的利益，白捡的便宜，圣人对这种情况都是当作祸事避开的。咱不能为了占这个便宜，而得罪秦国。

可是，这个大便宜太诱人了，上党这是好大一片土地！赵王和平原君都感觉，这个送上门来的便宜不占可惜，便接收了上党郡。

这就激怒了秦国。

两年后，秦军卷土重来，势如破竹，一举打下了大半个上党。赵国这才知道，这是个烫手的山芋啊。打吧。于是在上党地区中南部，史上著名的长平之战打响了。

长平之战的初期，赵军的主将是廉颇，这是位了不起的名将，可是赵军的实力毕竟比秦军差很多，没办法，赵军屡战屡败。

这时，赵王走出了第一步错棋。他想得很简单，既然打不过，干脆割地求和，就想派使者找秦军谈判。丞相虞卿反对：大王，当务之急，应当以重金去请楚国和魏国的援兵，而不应当去求和。因为，一旦做出求和的姿态来，谁还会给咱派援兵啊？人家会想：我派兵来帮你打秦国，结果，你跟秦国和好了，那我不平白无故得罪秦国吗？所以，只要咱向秦军求和，请援兵的道就堵死了，那样一来，秦国正好放手打咱，肯定不会跟咱和谈。

赵王的逻辑思维能力可能差点，听不明白，坚持派使者去和谈。结果，不出虞卿所料，秦军更来劲了。

紧接着，赵王又走出了第二步错棋，这是更加致命的，就是换下了主将廉颇，换上了纸上谈兵的赵括。

廉颇是有勇有谋的老将，兵法上有个说法，"攻不足而守有余"，打不过你，我就做好防御工事，坚守不出，等你来攻。这样就能保持一个对峙的局面，秦军无可奈何。而赵王不理解：你光知道防守，躲起来，这不是怯战吗？

秦国一看打廉颇费劲，怎么办呢？丞相应侯就策划了一把离间计，派人到赵国散布消息，说廉颇正跟秦国密谈，马上就得投降，其实秦国人真正佩服的赵国将领是马服君的儿子赵括，如果赵括当了主将，秦国只能撤军。

这位马服君是谁呢？就是赵括的父亲赵奢。赵奢本来是个负责收税的小官员，他当这个官肯定不懂《红楼梦》里的那个"护官符"，也不懂孟子讲的"为政不难，不得罪于巨室"。他不管这套，让我做收税的官，我就管收税，谁家都得交，平原君家也得一视同仁。

平原君赵胜是赵武灵王的儿子，赵惠文王的弟弟，赵成王的叔叔兼丞相，收了税还不是相当于给他家的。所以，估计赵奢的前任们都没收过平原君家的税。当赵奢收税收到平原君家时，就碰了钉子，平原君家管事的门客把赵奢给顶了回来。赵奢大怒：抗税不交就是死罪！他立即抓了平原君家九个管事的门客给法办了。

平原君大惊：这什么人，这么大胆，给我把他抓来！

就派人把赵奢抓来了，要砍头。

赵奢毫不示弱：我不服！你不能这样对我，你平原君得带头守法，赵国才能强大！

赵奢一边抗议，一边把平原君教训了一通。

平原君作为"战国四君子"之一，这称谓不是白给的，是有真本事的，很贤能。他非但没有杀赵奢，反而向赵王举荐，赵奢一下子被提拔成总管全国财税的大官。

有一次，秦军围攻赵国边境一座小城。赵王把文武大臣们召集起来商量对策，廉颇等将领都认为这个小城没法救援，因为中间要经过一段特别狭长的险路，这是行军大忌。可是，赵奢不同意这个说法，他说：

道远险狭，譬犹两鼠斗于穴中，将勇者胜。

（出自《资治通鉴·周纪五》）

这段狭长的险路好比老鼠洞，又狭窄又长，有两只老鼠在这个洞里对着头打架，肯定是谁勇猛谁就能取胜！两军狭路相逢，这时决定胜败的关键跟兵力多少没关系，兵力再多，道窄，也上不去，这时就看前面的将领是否勇猛了。所以说，狭路相逢，勇者胜！

最后，赵奢带兵去救援，大获全胜，被封为了马服君，成了名将。

可惜的是，在长平之战前，赵奢已经去世了。他儿子赵括也很有才气，熟读兵书，有时跟赵奢交流兵法心得，都把赵奢说得一愣一愣的，确实很有思路、很有见地、很高明。所以，赵括在这些少壮派的王公贵族之间，看上去也很突出，难怪赵王一听到说"秦国人怕赵括"的假消息，就真的让赵括替下了廉颇。

只是，赵王不知道的是，赵奢在私底下并不看好这个儿子，为什么呢？他跟老伴讲过：

兵，死地也，而括易言之。

（出自《资治通鉴·周纪五》）

战争是关系千万人生死的大事，可是咱儿子赵括讲得太轻松了。哪一天他若真的为将带兵，一定会惨败。

所以，当赵括被任命为将军时，他的母亲上书赵王：大王，我反对，我儿子不适合当将军。为什么这么说呢？我只讲一点，我丈夫赵奢当将军时，千金散尽，家里有点什么好东西都分给烈士遗属、手下将士、朋友们了。自己家里的事，他什么也不管，全身心扑在这个事业上。可是，赵括一当上了将军，却牛气冲天，手下人都不敢正眼瞧他了，您赏赐给他的钱财，他都给买房子置地了，只顾自己享受。所以，他不适合当将军。

赵王却不以为然：您老甭说了，我看好赵括，决心已定。

赵母无奈：反正，我这话说到这儿了，真要吃了败仗，您可别牵连上我这老婆子。

赵王：行行行，您去吧。

由此可见，**知子莫若父、知子莫若母，此言不虚**。

就在赵括赶往长平接替廉颇之时，秦国也在替换主将，秘密地换下了前线主将王龁。这位王龁也是名将，很厉害，但跟替换上场的这位比，还是差一大截，那是谁啊？就是武安君白起，这是战神级的。秦国严密封锁这个消息，为什么？为的就是麻痹赵括，好让赵括轻敌。

很快赵括就位，开始出击。不防御了，打，要变被动为主动。秦军佯败。赵军乘胜追击，中计了。秦军从侧翼夹击赵军，把赵军分割为两部分，分别包围。

然后，秦昭王亲自到紧邻战区的河内郡，动员秦国十五岁以上的全部男丁，开赴长平，并切断赵国的粮草补给。而赵国这边的后备军事力量，或者说是军事动员能力远远比不过秦国，援兵上不去。当时，通往齐国的道没被封死，赵国向齐国求救，向齐王讲了一通唇亡齿寒之类的道理，齐王不听。

最终，长平的赵军粮草断绝，赵括战死，四十万大军向秦军投降。

这么多的俘虏，怎么控制啊？有个说法叫，"受降如受敌"，这些投降的俘虏一旦失控，就得反受其败。怎么办呢？

白起"挟诈而尽坑杀之"！注意这几个字——"挟诈而尽坑杀之"，《资治通鉴》这是照抄《史记》里的原话，一字不差。"坑杀之"，大致就是挖坑活埋；那么，"挟诈"是怎么回事呢？史书没有讲。

我曾看过关于曾国藩的一个小故事。在某次战役中，他俘虏了两万太平军，他想把这些俘虏全部杀掉。可如果明目张胆、公开地杀，那些俘虏肯定会反抗，那样就很难办了。后来他就想了个办法，宣布要把全部俘虏都释放回家，临行之前还给每人发一些遣散费。然后把这两万人，按十人一组进行分组，之后一个小组一个小组地到一个地方去领遣散费，领完后就直接走人。但实际上，这十来人到了那个地方就被砍了。最后，就这么一拨一拨地给全砍了。这就是"挟诈"。

李鸿章也有一段更加著名的杀降事件，也是"挟诈"，当时他带淮军攻打苏州，苏州有太平天国的八个王爷级的将领向他投降。他进了苏州后，把这投降的八王召集来喝酒，一来，就都给杀了。按道理讲，杀降不祥，不人道，不地道，可是你知道他的老师曾国藩怎么评价这个事吗？六个字：

殊为眼明手辣。

（出自曾国藩同治二年十一月廿三日记）

第十三回 "战国三君子"联手抗秦

长平之战赵国之所以败这么惨，一方面是因为赵王在决策上犯了一些错误，包括不该用赵括，更重要的原因是齐、韩、魏、楚等诸侯国全都袖手旁观，见死不救。

在秦国跟赵国刚开打时，魏王曾召集群臣问：你们看，要不要帮帮赵国？

大臣们一致反对：不能帮，他们活该被打，秦国如果把赵国打败了，咱们就跟着打落水狗，也从赵国身上拉块肉吃。秦国如果打不胜，等他们实力都消耗得差不多时，咱们再出手，再讨点什么便宜。

只有一位大臣认为必须帮赵国。谁？子顺。

子顺是孔子的六世孙，鲁国人，有贤良之名，被魏王请来做丞相。子顺讲：秦国这些年所向无敌，我们如果不帮助赵国，赵国肯定被打败。接下来，秦国就得过来打咱。有个故事讲，房梁上有一窝燕子，它们暖暖和和、其乐融融的，感觉很幸福。有一天，灶里的火蹿出来引着了边上的柴火，这房子眼看着也要着了。可是燕子们在上面瞅着，还跟没事似的，以为跟自己无关。你们这些人啊，就跟这窝燕子似的，脑子都进水啦。

子顺这番话，并没有被魏王及群臣重视，没人听。子顺干脆称病辞官，不干了。他当魏国丞相，从上任到辞职总共只有九个月。回想，刚上任时，他也是风风火火，想有一番作为，选贤任能，也罢免了一批昏官庸才。而这些被罢免的人，别看干真事不行，造谣诽谤放黑枪都是高手，一时间关于子顺的负面消息满天飞，还有各种告状信。子顺早有准备，依然充满信心，他对朋友讲：

古之善为政者，其初不能无谤。

（出自《资治通鉴·周纪五》）

自古以来的名臣贤相，他们治理国家的初期，都是充满非议的，人们不理解、不认可、不支持。春秋时，郑国著名的政治家子产当丞相，干了三年，人们才慢慢信服；我的先祖孔子执掌鲁国国事，最初的三个多月，也是人情汹汹。

你看，子顺挺乐观，挺有信心。可惜的是，他没有那两位前辈先贤的幸运，他的新政最终没能得到魏王和大臣、贵族的充分支持，阻力重重，什么也推不开、推不动，只好以辞职收场。有个朋友鼓励他：这才干了九个月，你再坚持坚持呗，争取把魏国发展起来。

子顺苦笑道：

死病无良医。

（出自《资治通鉴·周纪五》）

　　真正要命的病，任凭多么高明的医生也是治不了的。现在魏国乃至全部东方六国都只是苟延残喘、保命而已，谈何发展图强啊？依我看，照现在的形势发展下去，不出二十年，天下必将尽归于秦！都得让秦国灭掉。

　　子顺说这话的时间，是公元前259年，他少说了十八年，不是二十年，是三十八年后，也就是公元前221年，秦国统一了天下。

　　以上这些，都是长平之战前的事，那时魏王还想美事，想玩个"鹬蚌相争，渔翁得利"。长平之战后，魏王则被吓傻了，旁边韩王也被吓傻了。当时，白起率秦国大军乘胜而进，那架势就要把赵、魏、韩三国都给灭掉。

　　怎么办呢？前面讲了，秦国扩张靠的是两手：一手战争，一手政治。挨打的、接招的这边，自然也是这两手，战争打不过，就得靠政治方面的努力，靠外交手段。于是，魏、韩两国派出共同的特使苏代，带上好几车金银财宝，去秦国游说应侯范雎。苏代跟他哥苏秦一样，也是纵横家，超级能忽悠，他跟范雎主要强调一点：如果白起继续取得更大的成功，白起就是老大了，您就是小弟了，就得靠边站。

　　范雎听完一笑，脑子里边转了八百圈：好，老苏，你还逮谁忽悠谁了！这几车东西，我收了，你回吧。

　　然后，范雎立即去找秦昭王：大王，您赶紧把白将军召回吧，撤兵吧，咱这仗打得不容易，举国之力，虽然取胜，但损失同样巨大，咱见好就收吧。

　　当时秦昭王对范雎言听计从：好！退兵。

白起收兵回国。

你看,这得说苏代厉害吧?只凭一张嘴,只用外交手段便使国家转危为安。孔子讲过一段话:

诵《诗》三百,授之以政,不达;使于四方,不能专对。虽多,亦奚以为?

(出自《论语·子路》)

你读了《诗》三百篇,读了很多书,结果让你处理政事,你弄不了;让你出使各国,你搞不定。那你读书读得再多,又有什么用呢?

从这段话,可见孔子是强调学以致用的。致什么用?主要两方面:对内治国,对外外交。儒家读书就是培养这两方面的能力。要能在危难时刻,"使于四方",用外交的智慧,调动资源,扭转局面。所以,**章太炎有个说法,当时的儒家也是大半个纵横家**。这句话,读书人应当注意。另外,国家在外交上花很多钱,做很多努力,这是必要的。

秦国退兵后,赵、魏、韩度过了眼前的危机,有了喘息之机,都挺高兴。秦昭王也挺高兴,得了大片国土。范雎也挺高兴,得钱了。唯独一个人不高兴,谁?白起。白起心想:我在前线玩命,范雎在后面得了人家好处,就算计我。大王也真是的,没这么糊涂的国君。

转过年来,公元前258年,秦昭王再次发兵攻赵。白起拒绝出征:大王,我身体不好,带不了兵,您让别人去吧。

　　秦昭王只好派别的将军带兵。这支军队很快就打到赵国都城邯郸附近，兵临城下。看来，没有白起，也挺顺利。可是，接下来就不顺了，连开数仗，秦军都表现不佳，接连损兵折将。

　　秦昭王一看，不行，还得让白起上。又找白起。白起则铁了心不干了，他对秦王讲：

　　秦虽胜于长平，士卒死者过半，国内空。

　　　　　　　　　　　　　　　　　　（出自《资治通鉴·周纪五》）

　　上次长平之战，咱们虽然胜利了，但咱们的军队也死伤过半，国内的力量为之空虚。当时，如果乘势进军，还是有胜算的，可现在不行了。赵国举国之力守卫国都，再加上诸侯国的救援，我军肯定会被击败的。

　　注意，以往人们讲长平之战，都格外注意赵军死了四十多万人，都怪罪纸上谈兵的赵括太差劲。没人注意到，其实秦军也死了很多人，虽然不到四十万，但起码也在二十万以上。从白起这段话便可估计出来。这样一算，一场长平之战，秦赵双方一共死了六七十万人。这就是战争！

　　最终，白起也没再出战。秦军果然被击败了，而且是惨败，被"战国三君子"联手击败。"战国四君子"中，除了孟尝君之外，剩下的赵国平原君、魏国信陵君、楚国春申君这三位，联手击败了秦军。这次联手可不容易，过程也很曲折。

　　当时，赵国看秦军的架势摆明了是要灭赵国，根本没有割地求和的可能。怎么办呢？唯一活路是去楚国和魏国搬救兵。可是，这个救兵很难求，不是你去讲讲唇亡齿寒之类的道理就能办成的。为什么呢？因为道理归道理，人性的弱点在于，这个问题就在这儿摆着了，我也宁可假装看不见，让自己快乐一时是一时，而没有勇气去直面和解决，害怕一着手，不但解决不了，这一时的快乐也没了。你有过这样的心理没有？

可是，难求也得求而且必须派最有分量的人出面去求。谁最有分量？当然是赵王。可是国王没有当使者的，所以，仅次于赵王分量的丞相平原君赵胜就得上了。他开始准备带二十个文武全才的顶尖门客，先奔楚国去求救。

"战国四君子"都养了很多门客，平原君也不例外，他手下的门客上千人。可真要挑二十个顶尖人才也很难，掂量来掂量去，只选出了十九个，还差一个，说什么也没有入眼的了。

这时，有一个很不起眼的门客自告奋勇：您甭找了，带上我就行！

平原君瞅一眼，不认识：您是谁呀？

门客答：我是毛遂。

平原君仔细打量这位自荐的毛遂先生，有点不以为然：

贤士之处世也，譬若锥之处囊中，其末立见。

（出自《资治通鉴·周纪五》）

锥子要是放在袋子里，它的尖早露出来了。您要是真有才，我早就认识您了。

毛遂一梗脖子：问题是，您从来没把我放到袋子里啊。您只要

放进去，别说尖露出来，我一定脱颖而出，整个的锥子都能出来。

平原君阅人无数，他知道一个道理：不能小看吹大牛的人。于是他带上了毛遂。另外那十九位都自命不凡，都不待见毛遂，相视而笑，以为这小子只是一个哗众取宠的小丑。

不久之后，平原君终于见到了楚王，开始游说楚王。说了大半天，好话说尽，费尽口舌，也说不动楚王。楚王说什么也不点头，不想出兵。平原君随从的门客们都在宫殿下面干等着着急，大眼瞪小眼，眼看着这事就要黄了。突然，毛遂拎着剑直冲上殿去，大声质问平原君：丞相，您这是干什么呢？这不就是三言两语的事吗？怎么这么费劲，咱这肚子都饿坏了，还吃不吃饭啊？

这一问把平原君给问愣了，一时没反应过来：这哥们儿疯了吗？

楚王反应快，大怒：哎，你算哪根葱，我跟你家主人讲话，轮得上你撒野吗？快滚出去！

毛遂毫不示弱：我知道你是楚王，但我不怕你，我算哪根葱？告诉你，我光脚不怕穿鞋的，今天我既然站在了你面前就敢跟你拼一把！因为咱是纯爷们儿，不像有的人，国都都被人家占了，国王老爹都被人家劫了整死了，连个屁都不敢放！

毛遂滔滔不绝，把楚王好一通挖苦。

有道是，"请将不如激将"。楚王被说得上了脸，当场歃血为誓，派春申君黄歇率军救赵。

同来的那十九位"文武全才"的小伙伴都被惊呆了，傻在一边了。毛遂指着他们：

公等录录，所谓因人成事者也。

（出自《资治通鉴·周纪五》）

你们这帮孙子，碌碌无为之辈，看上去人五人六的，还不都是靠上了哪个大人物，都是些面子货罢了！

这个故事，跟前面蔺相如的故事也是一样的道理，智、仁、勇是三达德，关键时刻得有大勇，才能办成事。**豁出去，才有机会**。

魏国一看楚国出兵了，心里有了一点底，也立即给赵国派出十万救兵。

而秦王也不是干坐着，他也是想尽办法阻挠各国救赵，派人来吓唬魏王：你要是敢帮赵国，我灭了赵国后就灭魏国！

吓得魏王赶紧叫停了走到半路的魏军。原地待命，静观其变。魏王还无耻地派了一个叫新垣衍的使者去赵国。干什么？去劝赵王：咱们干脆都臣服秦国算了，奉秦王为天子，咱们做他的诸侯国，那样的话，秦国一高兴，不就退兵了吗？

这时，战国名士齐国人鲁仲连再次登场。他是有国际主义情怀的"天下士"，专程赶到赵国，来奉劝新垣衍：你们不要做梦了，你们即便奉秦王做天子，他也照样会灭掉你们的。魏与赵都是这么大的国家，怎么就不能奋力一搏呢？

前面讲过，鲁仲连也是超级能忽悠，能把燕国大将忽悠得自杀了。新垣衍被说服，他也不劝赵王了，直接回去劝魏王抗秦。

可魏王不听，还是按兵不动。

这时魏国有个人等不及了。谁？就是信陵君魏无忌。

信陵君跟平原君是亲戚，信陵君的亲姐姐是平原君的老婆，姐夫来求救兵，他能坐视不管吗？怎么办呢？既然魏王不出兵，干脆我自己上！他也有很多门客，挑出八百勇士组成一个敢死队，就要去援赵。这时，他的一位隐士朋友侯嬴把他给拦下了。侯嬴七十多岁了，是个真正的高人。信陵君身边有不少高人，因为他为人仁厚，礼贤下士，跟魏文侯似的，"每过段干木之庐必式"，如果您是贤、是士，您就是老师，就得上座，我就举着您。所以，他得人。

这位侯老先生笑着劝信陵君：别冲动，别冲动，您这是要拿小鲜肉往老虎嘴里扔啊，这明摆是去送死，于事无补。

信陵君眼泪差点没掉下来：老先生，这道理我知道，可是我不能眼瞅着我姐遇难吧。怎么办呢？您给支个着儿吧！

侯嬴讲：您真要去救赵国，就必须带上那十万大军，也就是半道停下的那支军队。您要想带上这支军队，就必须有虎符。

信陵君苦笑：这个不用您教，我也知道有虎符就能调兵，可是虎符在魏王手里，他怎么会给我呢？

侯嬴又笑了：您附耳过来。然后，他对信陵君道：魏王不给，您可以偷啊。魏王最宠爱的那个妃子，您不是帮她报过杀父之仇吗？她肯定能给您帮上忙。

一句话点醒梦中人。太对了！

然后，在那个妃子的帮助下，信陵君真就把虎符偷来了。

侯嬴又讲：

将在外，君令有所不受。

（出自《资治通鉴·周纪五》）

只有虎符也不保险，现在带兵的那个大将，如果不听您调遣，那也很麻烦，我再给您推荐一位勇士，您把他带上，关键时刻让他帮您。

于是，信陵君带着虎符，还有这位勇士，还有那八百门客，跑到前面半路上的那十万大军的军营里。来到那个大将的帐下，掏出虎符：魏王说了，军队我接管了，马上前进救赵。

大将一翻白眼：不对吧，魏王前天刚说了不让进军啊……

大将正狐疑犹豫，忽听耳后生风，啪，脑袋就被砸烂了。谁砸的？正是侯赢推荐的那位勇士，他使的是一种链子飞锤。

最终，信陵君带领魏军，春申君带领楚军，跟平原君带领的赵军，三家联手，大破秦军，解了赵国之围。

第十四回　主角们的收场

"战国三君子"联手击退秦军之后,信陵君不敢回魏国,因为他偷了虎符,私自拿着全国的主力军去拼命,这种事空前绝后,杀他十回都是轻的。于是,他留在了赵国。赵成王感激不尽,刚开始的时候,放出话来,许给信陵君五座城的封地,可是秦军真的败退之后,他又舍不得了。不过,给信陵君的待遇还是非常优厚的。信陵君是豪杰,不以为意。

赵成王还要感谢一个人,就是专程赶过来游说魏王使者的齐人鲁仲连。赵成王想给鲁仲连封地封官,鲁仲连固辞不受。他又给鲁仲连拉了两车金子。鲁仲连微微一笑,讲了一段话:

所贵于天下之士者,为人排患释难解纷乱而无取也。即有取者,是商贾之事也!

（出自《资治通鉴·周纪五》）

我能被全天下的士人精英们所看重,为什么?就是因为我为人排患释难解纷乱,光做好事,不要回报。我要是一边帮你,一边心里还想着你得给我回报，岂不成了交易？那是商人的一套。赶紧拉回去吧，我不稀罕这个。

他怎么这么高尚呢？

魏王曾经问子顺：鲁仲连是不是有点装，是不是太做作啊？

子顺回答：

作之不止，乃成君子；作之不变，习与体成；习与体成，则自然也。

（出自《资治通鉴·秦纪一》）

人能这样一直做作下去，也就真成了君子。装来装去，时间长了，习惯成自然，也就不能说是装了。人的修养不就这么回事吗？

好了，下面讲讲长平之战以来的这些主角的收场问题。所谓，上场当念下场时。上场时要多辉煌有多辉煌，那下场时、收场时怎么样呢？事实往往像电影《大话西游》里面的紫霞仙子所说的：我猜到了开头，却没有猜中结局。

先说，白起。有道是，"一将功成万骨枯"！白起名声的背后，何止百万骨骸。仅一场长平之战，秦赵双方就死了六七十万人，在这之前，他还带兵打过好几场大仗，斩首十万以上的就有好几场。长平之战后，他想乘势灭了赵国，可丞相范雎怕他风头盖过自己，硬是让秦王退兵。

于是，他闹情绪，称病不肯带兵。稍后，赵、魏、楚联军大败秦军时，秦昭王还想让他上阵，去扳回局面，他还是不肯。最终，秦军大败，秦昭王气不打一处来，就赐给了白起一把宝剑，逼令其

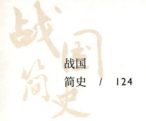

自杀。这位史上最著名的战神就这么屈死了。

再说，范雎。秦昭王杀了白起就解气了吗？没有。非但没解气，还后悔了，因为杀了白起之后，仗打得更不顺，有玩不转的感觉了。这怪谁呢？怪范雎！这真是跑了媳妇怨邻居。范雎立即感觉事情不妙。

还有个事，当年，范雎装死从魏齐手下逃出来，曾得到朋友郑安平的帮助。范雎"一饭之德必偿，睚眦之怨必报"，保举郑安平做了秦军大将。结果，这次三国击败秦军之际，郑安平率领两万秦军竟投降赵国。很明显，范雎有连带罪责。怎么办呢？范雎无计可施。

这时，有一个叫蔡泽的，在燕国混得要揭不开锅了，他听说了这个情况，就跑到秦国来了。一到秦国，他就可劲儿吹牛，逢人便吹，牛皮吹爆十几张。吹什么呢？只有一句话：老子是天下第一人才，来秦国就是要接替应侯做丞相的。

他的这番惊人之语，很快传到了范雎耳朵里。范雎深谙底层思维，立即明白：这小子有胆量有野心，这是想见我，见见就见见呗。他便派人找到蔡泽，接进了丞相府。

要是咱们一介草民来见丞相，还不得低头哈腰的吗？蔡泽没有，腰杆挺得倍儿直，一见面就毫不客气地把范雎教训了一通：丞相啊，您怎么还不醒悟！是不是也要走秦国商鞅、楚国吴起、越国文仲的老路啊？也跟他们似的，功成而不知身退，最后死得超级惨啊？

这话一下子就击中了范雎的软肋。虽然道理范雎都明白，且他在心里已盘算过了无数遍。可是蔡泽这样当面讲出来，他仍觉得很震撼，但他嘴上不服软地说道：蔡先生言之有理，不过自古君子杀身以成名，死得其所，有何不好？

蔡泽讲，丞相真想杀身成名吗？您已经成名了，为什么还要杀身呢？成名而不杀身，不更好吗？既成大功、享大名，又得善终，身名俱全，就像史上著名的周公那样多好啊。丞相啊，明人不说暗话，您说吧，愿做周公，还是愿做商鞅、吴起、文仲？

文仲是越王勾践手下的大臣，他跟范蠡一起辅佐着越王勾践卧薪尝胆，最后灭了吴国。之后，范蠡功成身退，退隐江湖，并且奉劝文仲：

> 飞鸟尽，良弓藏；狡兔死，走狗烹。
>
> （出自《史记·越王勾践世家》）

鸟都打完了，打鸟用的弓箭就该收藏起来了；兔子都打完了，逮兔子的猎狗就没用了，干脆煮了吃掉。越王勾践只能共患难不能共富贵，你还不赶紧退休，是等着他烹了你吗？

文仲恋栈，最终被勾践逼杀。

明白人之间说话一点就透，不用费话，范雎哈哈大笑，他拉着蔡泽的手说，不错不错，老弟啊，你甭说这些了，就说说我该怎么办吧！

蔡泽讲：

> "日中则移，月满则亏。"进退赢缩，与时变化，圣人之

道也。

（出自《资治通鉴·秦纪一》）

日出日落，月圆月缺，都随着时间而变化，人生的进退也要随时而动，随时做出调整。您现在仇也报了，也功成名就了，见好就收吧。

范雎道：说得好！

于是就去找秦王请辞，而且举荐蔡泽代替自己做丞相。

秦王就坡下驴，立即批准。

由蔡泽说范雎的故事可见：**说服人的关键在于抓住对方的切身利害**，告诉他，你如果听我的，就对你有利。这样才管用。不要指望对方发善心，为你考虑。

那么，范雎最后到底是怎么死的？史书上没有记载，应当是得以善终的，晚场善收，不愧智者。蔡泽也不简单，也是深明进退之道的，他只当了几个月的秦国丞相，便主动辞职了。我来了，我看了，我玩过了，秦国丞相这把瘾我已经过了，就不在权力的旋涡中硬撑了，于是就急流勇退了。后来，蔡泽经历秦昭王、秦孝文王、秦庄襄王，直到秦始皇，依然被信任，他不当丞相，只当小官、配角，却活得很滋润、很潇洒。

下面说说信陵君魏无忌。他待在赵国不敢回魏国，一待就是十年，从公元前257年直到公元前247年。这一年秦军猛攻魏国，魏军节节败退。魏安釐王实在没有办法了，只好派人来请信陵君：兄弟，你回来吧，以前的事都过去了，你快回来保家卫国吧。

信陵君立即回国，当时，他的声望、影响力太大了，看到他回了魏国，一直在旁观望的韩、赵、楚、齐等诸侯国立刻有了信心，纷纷派出援军支援魏国。信陵君率领五国联军，大败秦军，将其赶回了函谷关。

注意，这是嬴政即秦王即位的第一年，这时候如果六国联盟，依然能够制衡秦国。可惜，他们说什么也联不起来，偶尔联起来，也坚持不长。主要的原因在于彼此之间的不信任，各打自己的小算盘。不仅诸侯国之间没有信任，而且各个诸侯国内部也没有信任，信陵君立了这样的大功，不但没有被魏王信任，甚至是更不被信任了，因为他功高盖主。

这样一来，秦国正好搞离间计，给信陵君写信：您准备什么时候做魏王啊？

秦国故意制造这种舆论。

最终，魏王收回了信陵君的兵权。信陵君一肚子怨气，眼看着江河日下，无力回天，只好酒色自娱，四年后就去世了。这就是信陵君的人生！用两字来形容：憋屈！

第四位要讲的，是楚国的春申君黄歇。春申君当年陪着还是太子的楚烈王在秦国做了十年人质，又帮着楚烈王逃出秦国回来即了位，然后他当了丞相，执掌了楚国大权。邯郸之围时，平原君带着毛遂到楚国求救，春申君便率领楚军，跟着信陵君一块击败秦军，救了赵国。之后，**春申君搂草打兔子，顺道一起把鲁国给灭掉了**。孔子的父母之邦就这样灭亡了，当然，也没有什么可惜的，因为其他国家也都快灭亡了。

　　春申君全力辅佐的这位楚烈王有什么问题呢？男科问题，不生育。眼瞅着一天老过一天，后宫一大帮女人，可就是没有怀孕的。当时的人医学观念落后，不寻思是种子的问题，净想着地不行。春申君到处给其张罗，"求妇人宜子者进之"，找一些适合生孩子的女人给送进宫来。那怎么看宜子不宜子、适不适合生孩子呢？是看面相，还是看三围？史书上没讲，反正一个又一个女人全都怀不上孩子。

　　丞相为什么管这事呢？因为这关系到王位的传承，这是头号的国家大事。所以，很多人也都在关注这事。有个叫李园的人就发现了其中的机会，开始策划一场惊天骗局。他先去应聘做了春申君的门客。之后的某一天，李园上班迟到了很长时间。春申君问：怎么才来，家里有什么事吗？

　　李园：家里还真有点事，我正为难呢。

　　春申君：什么事？

　　李园：是这样的，齐王听说我妹妹长得漂亮、贤惠，派人来提亲，可是齐国那么老远，我妹妹不愿意去，我也舍不得。我只好编了个瞎话，说妹妹已经许配人家了，有主了，暂时把他们给应付了过去。

　　春申君听了，心想：李园的妹妹得多么漂亮，竟然连齐王都听说了，都想娶，我何不近水楼台先得月呢？

　　总之，他上钩了。李园顺利完成了他计划的第一步，将妹妹送给春申君为妾。不久，他妹妹就怀孕了。

　　然后，李园开始实施计划的第二步。他跟春申君讲：现在楚王老而无子，不知哪天就死了，那样的话，就只能把王位传给他的兄弟了。可是，楚王的那些兄弟，不论哪个，跟您的关系也都不好。真到那时，您在他们手底下，可就不好混啦。

这一下就戳中春申君的软肋。春申君问：那你说，该怎么办呢？

李园沉默不语，做痛苦思索状。春申君再三寻问，李园感觉戏演得差不多了，才把话挑明：要不，就把我妹妹献给楚王吧。

春申君倒吸一口凉气，他思量再三，把心一横，真就把这个怀了自己孩子的女人送进了楚王宫。把怀孕的女人送给国王，对别人来讲是不可能完成的任务，但对春申君而言，当然没问题了。

然后，楚王傻呵呵地真以为是自己的，孩子生下后便立为太子，这位李姬也封为了王后。

春申君非常高兴，不费吹灰之力，楚国以后就是他的子孙的了，他的权力也稳当了。不过，有人提醒他：

世有无望之福，亦有无望之祸。

（出自《资治通鉴·秦纪一》）

"无望"这个词应当是从《周易》无妄卦而来。你也没犯什么错，没得罪什么人，没来由的就遭遇了某种灾祸，闭门家中坐，祸从天上来，这就是无望之祸。相反，也可能有天上掉馅饼这种无望之福。无望之福概率很小，不能指望，不必多想；无望之灾，概率也很小，但必须小心，得预防。

预防谁呢？预防李园。他现在厉害了，成国舅了，集荣华富贵于一身。可是他好像有问题，他在暗地里蓄养了很多刺客和武士，肯定是有所图谋的。哪天楚王要是去世了，您肯定得去王宫吊唁。那时，如果李园先进宫，他就可能掌握主动，对您下手。

春申君不以为然：李园只是个小跑腿的，给我拎包的，我对他也不错，你多虑了。

结果，十几天后，楚王死了，一切皆被说中，春申君全家被杀，一代豪杰就这样死于小人之手。

这个故事的启示在于：干掉你的，恰恰就是那个给你拎包的。当然不是普通的拎包的，而是跟你密谋过什么事情，曾经显露过他的心计的那个人。千万不要以为你大江大海都过来了，就不拿这小河沟当回事了。接下来的历史，我们会看到，很多的大人物最终都栽在了小人物的手里。

第十五回　秦国的狗血爱情剧

秦昭王最终寿终正寝，他在公元前251年的秋天去世，活了七十五岁，在位56年，是史上在位时间最长的君主之一。曾国藩讲，天道忌盈。秦昭王这辈子太圆满，把福、禄、寿都占全了，他的儿孙就得差一些，他儿子秦孝文王即位三天就死了，他孙子秦庄襄王在位时间也很短，只有三年。接下来，就是他的重孙子即位了，他的重孙子是嬴政，也就是后来的秦始皇。这一年是公元前247年，嬴政虚岁十三。

这样一算，他母亲怀上他时，正好是公元前260年，也就是长平之战的那一年。当赵国的数十万大军在长平轰轰烈烈肉搏拼杀时，在赵国国都邯郸，一个伟大的生命开始孕育。

那时秦昭王还在，秦孝文王还是太子，嬴政的父亲嬴异人只是太子的二十多个儿子中很不起眼的一个。他是不被宠爱的，甚至是被抛弃的，长平之战时他正在赵国国都邯郸做人质。人质还在赵国，秦国就放手开打，由此可见他当时的处境之艰难。就在这时，偏偏有个土豪、富商看中了他，给他雪中送炭，倾心相

交。谁？吕不韦。

吕不韦本是韩国人，靠着"贩贱卖贵"，做贸易，大发其财。当时，他正在邯郸做生意，偶然与异人相识，立即嗅出了商机，心中暗想：

此奇货可居。

（出自《资治通鉴·周纪五》）

奇货就是稀缺的货物，可居就是可以囤积、储备，做长线投资。吕不韦迅速在心中谋划出一桩天大的好买卖。

这天，吕不韦去拜访异人，见面就讲了一句莫名其妙的话：

吾能大子之门！

（出自《资治通鉴·周纪五》）

公子，我能把您的门给扩大。这是来揽装修活儿的，还是要把人家的门给改造扩大？当然都不是。门的含义丰富。

异人也不简单，一听就明白。不过，他一脸狐疑，不以为然：

且自大君之门。

（出自《资治通鉴·周纪五》）

你甭跟我吹这个，你要是有这个能耐，先把自己的门扩大吧，为何要帮我？

吕不韦一笑：

子不知也，吾门待子门而大。

（出自《资治通鉴·周纪五》）

公子，您放心，我没别的意思，我帮您就是为了帮自己。只有帮助您把门扩大，我才能扩大自己的门，咱们是双赢的。

成功沟通的关键是坦诚。吕不韦这样一讲，异人的心里踏实多了，笑道：愿闻其详。

于是，吕不韦打开天窗说亮话：所谓"大子之门"，就是要帮您争取王位，我有周密的计划，有决心和能力完成这个计划。

异人喜出望外，并当即承诺事成之后"分秦国与君共之"——我真要当上秦王，秦国的一半就是你的了！

这么大方的承诺，说明什么？说明在异人看来，他做秦王是一点希望也没有的。而吕不韦则信心满满地开始行动。他先给了异人五百金：您拿这些钱作为活动经费，放手去结交那些赵国权贵，争取他们在关键时刻能给咱说话，帮咱保命。您自己也该享受享受，过舒服点。

然后，吕不韦自己带着五百金去秦国，去活动争取王位的事。

注意，这里面有一个重要的做事智慧。吕不韦总共投资了一千金，他是拿出一半来保本的，保住后院平安无事；另外一半才是去开拓市场的。否则，即便他在秦国的活动再怎样成功，如果异人在赵国被人整死了，或者异人跟他烦了，那也是白费劲。钻头不顾腚，棋胜不顾家，都是做事大忌。

吕不韦去了秦国，是怎么活动的呢？他只是一个商人，当时商人的地位是很低的，士、农、工、商，四民，商排最后。吕不韦跟秦国王室根本不能直接说上话。于是，他先用钱砸晕了一个中间人。谁？华阳夫人的姐姐。

华阳夫人是秦国太子的宠妃，太子对她极尽宠爱，言听计从，可是，她不生育，一直没有亲生的孩子。于是，这位被吕不韦收买的姐姐，就来给华阳夫人出主意：

以色事人者，色衰则爱驰。

（出自《资治通鉴·周纪五》）

太子现在宠爱你，是因为你年轻貌美，可是，花无百日红，人无千日好。以后，等你不那么漂亮时，还不就得失宠，这辈子不就完了吗？

华阳夫人听得心里怦怦跳：姐姐，你说得太对了，怎么办呢？

姐姐：只有一个办法。趁着他还宠你，你抓紧认一个义子吧，想办法把这个义子扶立为太子的接班人，将来母凭子贵，你到死也有保障了。

华阳夫人：可是认谁做义子呢？

姐姐：我看异人这孩子最适合，为人厚道，重感情。我听说，他在赵国每次跟人提到太子和你时，都哭着说想念你们；而且想当太子接班人的王孙排成队，异人本是排不上号的，你要是给他机会，他对你还不得感激死啊。换别人，可能会觉得理所应得，就没这个感觉了。总之，异人最合适。

于是华阳夫人照办，真就认异人做了义子，并扶立异人做了太子的接班人。

然后，公元前257年，邯郸之围，赵王被打急了，决定杀死异人。吕不韦帮着异人买通看守，逃出赵国，回到秦国。一回到国都，异人立即穿上楚国人的衣服去看望华阳夫人，华阳夫人是楚国公主，被感动得一塌糊涂，这个事便砸实了。

在这个故事中，华阳夫人的姐姐这个中间人的作用太大了。这种人，在中国文化中被称为掮客。**掮客可以说是所有幕后交易的主角**。

异人虽然从赵国死里逃生，但是他的老婆和三岁的儿子都留在了赵国。这对母子在赵国一待又是六年，后来，赵国为了讨好秦国，才把他们送回秦国，这中间，他们肯定没少受罪。

尤其，这个母亲不容易，这是一个有故事的女人，史书称其为赵姬。赵姬的家庭背景是怎样的呢？一般人理解，她只是吕不韦买的歌女，肯定是底层出身。可是，《史记》明明白白讲，她是"赵豪家女"，是豪门出身。

到底如何？这是读史的一个乐趣所在，有太多搞不清的问题，有考据癖的人有福了。总之，赵姬是秦国这出狗血剧的女主角，她是位绝色美女。她跟异人的会面是吕不韦精心安排的。有一天，吕不韦把异人请到家里喝酒，喝到兴头儿上，吕不韦说：头两天我刚娶了一位美女，舞跳得不错，让她给咱们跳一段，助助兴吧。

异人：太好啦！

于是，赵姬出场。真正国色天香！那舞跳得太优美了！太好看了！所谓"燕歌赵舞"，燕国女子的歌，赵国女子的舞，自古以来就是冠绝天下的。异人当即被迷倒，而且酒是色媒人，上去一把搂住了赵姬：老吕，老吕，这……美女我……要了！

吕不韦大怒：公子，这是我的女人啊，你怎能横刀夺爱？太过分了！

异人吓了一跳，酒醒了一半：哦，对不起！失礼了，失礼了。

异人沮丧地、失魂落魄地回了家，一觉醒来，没想到，吕不韦竟然把赵姬给送来了：从今以后，这个美女赵姬，就是你的了！

异人喜出望外。可是，他哪里知道，这时的赵姬已经怀上了吕不韦的孩子。

时光飞逝如电，转眼间，十三年过去，这个孩子，也就是嬴政，成为秦王。吕不韦则作为秦国丞相执掌着秦国的军政大权，被嬴政称为"仲父"，大致就是二爸爸的意思，仅次于亲生父亲。

那么，当秦王嬴政管吕不韦喊着"二爸爸"的时候，吕不韦的心中是怎样的感受呢？在满满的成就感之外，是不是也有一丝失落与愧疚呢？他对赵姬应当是有愧疚的。赵姬肯定是爱他的，如果不爱他，也不会作为一个筹码来帮他演这出戏，而且一演到底。

所以，他们之间的私情一直没断，特别是在异人也就是庄襄王死后，他们的来往更加频繁。而秦王嬴政一天天长大，男女之事逐渐明白：仲父怎么老往太后的后宫跑呢？吕不韦快刀斩乱麻，毅然决然地跟赵姬断绝了这种情人关系。当然，吕不韦身边不缺女人，而身为太后的赵姬，这时不过三十来岁，这个年纪独守深宫，比较煎熬。

什么叫作真爱？吕不韦对赵姬的爱就是真爱，他送给赵姬一个假太监嫪毐。太监是中国历史上的一个重要的政治力量团体，"太监"这个称谓好像是隋唐以后才有，隋唐以前都叫作"宦官"。宦官与太监也略有不同，东汉以前的宦官有被阉割的，也有不被阉割的，不过，给皇后、太后手下服务的宦官都是被阉掉的。这里一概以"太监"称之。

赵太后与嫪毐私通，之后竟然还生了俩孩子，将孩子藏在后宫里。

我看史书看到这里，有点看不下去了，觉得有点离谱。太后的肚子一天天变大，不要说秦王看不下去，宫女们也会嘲笑这个太后吧。这会不会是刘邦得了天下之后，对秦朝的抹黑呢？

后面的史书，对于很多被弑杀的所谓昏君的描述也都很夸张，夸张到让人难以置信，像是得了君位的后来者对所谓昏君的抹黑。胡适曾言：历史就像一个小姑娘，任人打扮。读史，有时只能姑妄信之。

嬴政的这两个小弟弟在后宫里，又哭又闹，跑跑跳跳的，怎么能藏得住呢？嬴政肯定不痛快，甚至有人密告他：哪天您要是薨了，太后就要让您的小弟弟即位。

这还了得！双方都很紧张。怎么办？嫪毐竟然先下手为强了。这小子荷尔蒙分泌旺盛，胆也壮。公元前238年，也就是楚国春申君被刺杀的那一年，嫪毐发动了大规模的宫廷政变，他拿着秦王和太后的玉玺，发动了很多人，要整死嬴政。

二十二岁的嬴政经受住了这一场生死考验，他调集力量，扑灭了嫪毐的势力，斩首数万；他把嫪毐夷三族，那两个小弟弟也给杀

掉了，赵太后给软禁起来；还有四千多人被株连治罪。吕不韦也上
了黑名单，要不是他给太后送这个假太监，哪有这事？不过，嬴政
还是给吕不韦留了一条命，打发到他的封地河南去了。从此，嬴政
的时代正式开始。也许，一个人的时代开始之前，总要有一场这样
的恶战吧？

第十六回　吕不韦的生死智慧

　　吕不韦奇货可居，玩了一把史上最大的钱权交易，通过一系列操作，把钱变成了权，从大富商变成了秦国丞相。他还移花接木，让自己的亲生儿子，做上了秦王。这样传奇的人生，纵观历史也是绝无仅有，太圆满了！

　　正因为太圆满，也就到头了，《易经》所谓"亢龙有悔"，好到了头就要倒霉了，月盈则缺。最终，他落得了一个自杀的下场。

　　为什么自杀呢？还得从公元前249年说起，这一年异人也就是庄襄王刚即位，吕不韦坐上了秦国丞相的宝座。庄襄王讲过，事成之后要"分秦国与君共之"，虽然不能完全兑现，不过封赏也是极其丰厚，封给吕不韦河南洛阳十万户，军政大权也都委托给他了。

　　又过了三年，庄襄王薨，十三岁的嬴政即位，吕不韦作为"仲父"，执掌朝政，一直到嫪毐事件之前，这十来年，秦国基本是属于他的。

　　吕不韦执政期间，颇有政绩，诸如兴修水利之类的都卓有成效，不过，真正给他的历史地位加分的，主要还是一件事——著书。

当时，"战国四君子"名满天下，孟尝君、平原君、信陵君、春申君，每人都招揽门客数千人。吕不韦跟他们是差不多同时期的人，当然也不能落后，他也养了好几千门客。这些门客多是士，以知识分子为主，太适合著书立说了。吕不韦从中挑选出一批拔尖人才，一起合作编著了《吕氏春秋》，成为流传后世的经典之作。《史记》讲：吕不韦自认为，《吕氏春秋》"备天地万物古今之事"，天地万物古往今来的道理都给写绝了。

他把这部书放在咸阳城门边，供过往的各国游士学者们翻阅。书的上方悬挂着千两黄金，在书的旁边还贴一告示：谁要能从书中找出一点毛病来，能改动书中的一个字，增一字、减一字，这千两黄金就是他的了。

竟然，无人能改！这就是"一字千金"这个成语的来历。

我读完《吕氏春秋》，为之叹服，并且有一个感受：如果嬴政不杀吕不韦，秦朝肯定会长久得多，不可能两世而亡。

吕思勉和郭沫若也是这个看法。吕思勉讲：

> 使秦终相不韦，或能行德布化，以永其年，不至二世而亡，使天下苍生，不蒙其荼毒，未可知也。

（出自吕思勉《经子解题》）

郭沫若又讲：

> 假如沿着吕不韦的路线下去，秦国依然是要统一中国的，而且统一了之后断不会仅仅十五年便迅速地彻底崩溃。

（出自郭沫若）

为什么这样说呢?

举个例子,《吕氏春秋》中有一篇题目叫"原乱",就是分析天下国家祸乱的根源,讲:

> 武王以武得之,以文持之,所以守之也。
>
> （出自《吕氏春秋·原乱》）

意思是,周武王是靠武力得了天下,然后,是靠文的一套来持守天下的,结果周朝得以延续了近八百年。这番话,跟三十年后,大谋士陆贾给刘邦的进言几乎一模一样。当时刘邦刚得了天下,陆贾讲:您马上得天下,但不能马上治天下,要逆取而顺守之。刘邦听了陆贾的话,及时完成了打天下向守天下的转化,汉朝的江山就稳当了下来。

而秦朝之所以二世而亡,根源就在于没有完成这种转化,秦始皇没有吕不韦的这种意识。

《吕氏春秋》虽不是吕不韦亲手所写,但肯定体现了他的思想意志,它是一套以儒家思想为主体,融合了道家、法家以及诸子百家的治理天下国家的思想体系。可以说,是对先秦思想的一个总结,非常务实。

比如,它讲的著名的"刻舟求剑"的故事。有个人乘船过河,走到河中间时,不小心把佩剑掉进了河里。他就在掉剑的那个船帮处刻下一个印记。然后,河到岸之后,他从那个刻印记的地方下河去捞剑。剑当然捞不上来。它要讲的是什么道理呢?《吕氏春秋》的原文是这样的:

舟已行矣，而剑不行，求剑若此，不亦惑乎。以此故法为其
国，与此同。时已徙矣，而法不徙，以此为治，岂不难哉。

（出自《吕氏春秋·察今》）

船已经向前开走了，而剑还在原来的地方。国家、社会就好
比那个船，治理国家、社会的方法就好比那把剑，在特定的时间，
两者是契合的，是管用的。可是国家、社会在不断向前发展，那套
治理方法如果不跟着做出改变，也就过时了。还用老办法来治理
国家，就脱节了，不管用了。这是一种务实的、与时俱进的改革
思想。

还有一个说法叫"流水不腐，户枢不蠹"，毛泽东有篇文章曾
引用过这句话，它也是出自《吕氏春秋》。原文是这样的：

流水不腐，户枢不蠹，动也。形气亦然，形不动则精不流，精
不流则气郁。养生之大也。

（出自《吕氏春秋·尽数》）

流动的水即活水不会腐败变臭，经常转来转去的门轴不会被虫
子咬，这都是因为它们是动的。所以，人要想健康，身体气血就也
得动起来，这是养生之大，养生的关键。

整体上，《吕氏春秋》是儒家的思想为主，强调爱民，行仁
政，用兵要标举正义，重视教育和人才，君主要虚心纳谏，等等。
儒家的特点在于中庸，不走极端，虽然看上去不是那么特色鲜明，
不那么雷厉风行，好像不够来劲、太保守、见效慢，但它追求的是

稳健。这跟商鞅法家的比较张扬激进的做派很不一样。这种稳健思想贯彻在吕不韦的执政中，他抓农业、国内的管理就比较多，强基固本，相对地，对外的军事扩张便略有放缓。

不过，仗还是年年打，其中颇有政治象征意义的是公元前249年，也就是庄襄王即位的第一年，**吕不韦亲率大军灭了东周国**，周朝（公元前1046年—公元前249年）正式灭亡。也有个说法，说周朝灭亡是公元前256年，那是秦昭王时期，把西周国灭掉，那算是周朝灭亡的时间。总之，秦代周，在吕不韦执政时，已经成为了事实。而《吕氏春秋》可以说是吕不韦为治理天下而做的一套提前的谋划。

可惜，命运没有给他时间去实现这些谋划了。秦王嬴政一天天长大，他傲视天下，杀嫪毐这一年只有二十二岁，年轻气盛，吕不韦老成持重，两人的节奏上就不一样。秦王对吕不韦的这一套稳健思想不认同，分歧、矛盾就越来越大。正好借着嫪毐这个事，他就把吕不韦给免了。

当时，嬴政身边很多人都想直接把吕不韦杀掉，特别是秦国宗室的老嬴家那些人。因为吕不韦触犯了他们的利益，吕不韦的很多门客都官居要职。在吕不韦心里，这是任人唯贤，可在宗室这些王叔、王兄、王弟们眼里，分明是来争夺利益的。而嬴政不忍心杀吕不韦，只是把吕不韦给贬回封地河南去了。

接下来，吕不韦的日子应当还是很舒服的。如果只靠经商，他哪辈子能赚到十万户封地？《战国策》讲，吕不韦初识异人时，曾回家跟他父亲有番对话。

吕不韦：老爸啊，您说，干农业是几倍的利？

吕父：最多十倍。

吕不韦：那您说，干珠宝生意是几倍的利？

吕父：珠宝利大，最多得百倍。

吕不韦：那您说，我要是帮着一个人当上国君，能得几倍的利？

吕父：能得无数倍。

所以，被免去丞相的吕不韦也算实现了当初梦想，得利无数倍，也不错。可惜的是，故事还没完。吕不韦回河南之后，秦国宗室的力量就起来了，开始清算吕不韦的政治遗产，要把他招揽来的来自各诸侯国的游士们，不论当上官的，还是没当上官的，全部驱逐出境。并且有个理由，说这些外国人都是各国派来的间谍。

这也不是纯粹瞎编，确实有些人坐实是间谍，最有名的是一个韩国人，名叫郑国。当初，郑国到秦国之后，便游说吕不韦和秦王兴修大型水利工程。这跟吕不韦的执政思想一致，于是被顺利采纳，而且，郑国被任命为主持这个工程的负责人。而郑国其实是想通过这个工程，占用秦国大量的人力物力，从而延缓其对韩国的攻伐。结果，这工程只干了一半，他的间谍身份就暴露了，被抓起来，将要砍头。

郑国申辩：我承认自己是间谍，让秦国建这个工程的目的是延韩国数年之命。可是，这个工程一旦完成，确实将是秦国的万世之利啊。你们不要只看我的动机，而要看这个动机最终促成的那个结果。秦国人觉得有道理，决定让郑国继续主持这个工作，最终完成了三百多公里的著名的"郑国渠"。到今天陕西人民还受益于这项工程。

当然，更多的被驱逐的人并不是间谍。其中有一个来自楚国的官员，一边心情沮丧地打铺盖卷做回家的准备，一边给秦王嬴政写了一封信。

嬴政收到这封信一看，立即派人把写信的这人从半路上追了回来：你甭走了，我接受你的建议，不驱逐外国人了。从今以后，你直接跟我干吧！

从此，这哥们儿的人生开挂，跟嬴政组成黄金搭档，"数年之中，卒兼天下"。

他就是李斯，他给嬴政的那封信就是史上著名的《谏逐客书》，其中有段名句：

太山不让土壤，故能成其大；河海不择细流，故能就其深。

（出自李斯《谏逐客书》）

泰山不放弃细小的泥土，所以能成就其高大；大河大海不嫌弃小水流，所以能成就其深广。帝王想成就大业，怎么能往外赶人呢？

《吕氏春秋》里也有句类似的话：

水泉深则鱼鳖归之，树木盛则飞鸟归之，庶草茂则禽兽归之，人主贤则豪杰归之。

（出自《吕氏春秋·仲春纪》）

什么意思？就是你得包容，想成就大事就得有大胸怀，什么都能容得下。什么叫包容呢？你对我好，我也对你好，那不叫包容。你听话、出活儿、能干，我不把你开除，那也不叫包容。包容得是对那些让你看着不大顺眼的、不大放心的、不大喜欢的人，也能容得下，也能给彼此留一些机会。这样，你的台面才可以真正做大。所谓"厚德载物"，就是这个意思。

人不包容，常缘于成见。《吕氏春秋》里有一个"疑邻盗斧"的故事，大致是讲：有个人丢了把斧子，他怀疑是邻居偷的，然后，只要一看到这个邻居，就怎么瞅怎么觉得就是他偷的，一个眼神、一个笑容、走路的姿势，都像是偷了斧子的感觉。结果，有一天，他在自家菜地里，重新找到了丢失的斧子。再瞅那个邻居，一个眼神、一个笑容、走路的姿势，都不像小偷了。

这个故事所在的篇目叫"去尤"，意思就是，人要去除掉心中的成见，才能看清真相。成见和真相可以是对于具体的人和事，也可以是对于生命的认知，这个道理相当深刻。

《吕氏春秋》里还有个篇目叫"去宥"，意思是，去除掉思维的局限。当我们高度关注某个点时，就会被它局限住，脑子里就容易出现盲点，就容易进水。这个篇目也讲了个小故事：说有个人想金子想疯了，大清早一起床就跑到集市上一个卖金子的柜台前，抓起一块金子扭头就跑。卖金子的赶紧招呼人上去一把把这人给摁住了，你小子也太明目张胆了，那么多人在这儿，你拿了金子就跑？

这个人的回答把人们都给气乐了：刚才我的眼里只看见金子，

根本没看见人！

多么经典的寓言啊，直指人性最深处的问题。上下千年，人性不变，经典的意义便不会泯灭，它把人性都给研究透了，讲绝了。

书归正传，吕不韦到底是怎么死的呢？虽然，他被贬回了封地，被夺了权，但是，他的气场还是太强大了。各大诸侯国都盯上了他：秦国不让你当丞相，我们赵国要啊，我们魏国也要，您还是来我们燕国吧，要什么待遇给什么待遇！各国来邀请的使团，都踢破门槛儿了。战国这一点挺可爱。那时的"天下"，跟现在的"世界"大不一样。现在，美国国务卿卸任后还能到俄罗斯干总理吗？那不可能。可是，战国时，天下各国之间，这挺正常。

这样一来，嬴政看不下去了。吕不韦真要去了哪个国家，对秦国必是大威胁。怎么办呢？让吕不韦回来，官复原职？不可能，那相当于让嬴政认怂，那不是嬴政的性格。而且，吕不韦如果回来，新的大红人李斯不就得靠边站了吗？李斯是什么人啊？他是为了权力无所不用其极的人，他当然也会竭力反对吕不韦回来。

或者，干脆派人给吕不韦送杯毒酒，赐死，这多简单，不就彻底没后顾之忧了。可嬴政还是下不了手，他想了个折中的办法，派使者给吕不韦送去了一封信，信的大致意思是：吕不韦，你对秦国有何功劳，凭什么封你十万户？你是我什么人，凭什么我要叫你仲父？我命你全家迁到蜀地去，不要再在中原给我招事了。

史书读到这里，我有个想法，嬴政可能是知道真相的，也就是史书所谓的真相：吕不韦是他的生父。所以，他仍然想放吕不韦一条生路。吕不韦如果到了蜀地，虽然远离中原，名义是上流放，但

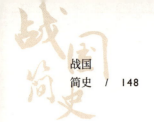

照样还是大地主、大富豪，活得还会很滋润，只不过没有了政治方面的前途而已。

而吕不韦呢？他是看透生死的。《吕氏春秋》里有很多关于生死的思考，比如：

> 凡生于天地之间，其必有死，所不免也。
>
> （出自《吕氏春秋·节丧》）

> 达士者，达乎死生之分。
>
> （出自《吕氏春秋·恃君览》）

> 审知生，圣人之要也；审知死，圣人之极也。
>
> （出自《吕氏春秋·节丧》）

"视死如归"这个词，也是出自《吕氏春秋》。对于生死，他是强调要有一个"养生安死"的态度。

简短地说，吕不韦收到这封信后，就自杀了。

之后，门客们冒着杀头的危险，将他的尸体"窃葬"，就是偷偷埋葬了。这也是为了"安死"，以免其身后再遭戕害，比如砍头、鞭尸、挫骨扬灰之类的。

嬴政找不到吕不韦的尸体，很恼火，也很忐忑。到底是真死了，还是假死了？这是小说家们可以大做文章的地方。不过，今天在河南偃师还有他的坟墓，也算是一处景点。

这个故事如果放在西方，被弗洛伊德知道了，很可能就得给

赢政加上个俄狄浦斯情结。因为，他一面打击仲父吕不韦，另一面
却很快原谅了他的母亲，母子和好，母慈子孝。十年后，秦国攻破
邯郸，赢政亲自到邯郸，把当年跟他姥姥家有过仇怨的人家全部杀
光了。

第十七回 先秦最后的纵横家

吕不韦死后，李斯辅佐年轻的秦王嬴政，用了十多年时间，就把天下统一了。

李斯用的是什么高招呢？其实不是什么高招，而是阴招，就是大搞间谍战。前面范雎也搞这套，而李斯玩得更猛了，他派出大量间谍，携重金，去贿赂收买东方各国的重臣、将军，还有社会贤达、名人，把这些人策反，让他们都顺着秦国的意志说话，搞所谓"和平演变"。

而对收买不了的、搞不定的人，怎么办呢？就派刺客刺杀，或者用离间计离间其与君主的关系，让他靠边站，让他反对秦国也有心无力。总之，无所不用其极，用各种政治的和准军事的手段，去瓦解各国的防御体系。然后，秦国大军随后而至，各国便没有多少还手之力了。

李斯的前半生，也就是在秦灭六国之前，他的做派类似苏秦、张仪这样的纵横家。纵横家没底线，玩间谍战之类的便更酣畅、更厉害。而李斯的后半生则是苏秦、张仪远远比不了的。这里先讲几段他前期的故事：

第一个是粮仓老鼠的故事。

李斯本是楚国一个小地方上蔡的人，现在是上蔡县，属于驻马店市。他在当地干个小官吏，类似今天的小公务员，朝九晚五的，过着平凡的日子，揣着伟大的梦想。所谓"年少轻狂"，哪个年轻人没有梦想啊？可是，绝大多数人在社会的底层，晃晃悠悠，一不留神就老了。

李斯原本也是这样晃悠着，直到有一天，他上茅房，看到茅坑里的一群老鼠正在吃屎。老鼠正吃着，忽然见到李斯进来，嗖一下子都吓跑了。李斯也没在意，这挺正常。拉完屎出来，当天正好有个公事，要去当地粮食储备库。结果，一打开粮仓，就发现里面有几个东西在动。

李斯吓一跳：这是什么？仔细一看，原来是几只肥头大耳的老鼠，都跟兔子似的那么大，正在那儿吃粮食呢。看见李斯进来了，这些老鼠也不害怕。因为粮仓里很少有人来，它们不怕人，还瞪了李斯两眼。

这一下子，李斯受了刺激，回家后就睡不着觉了，一宿翻来覆去，最后得出一个结论：

人之贤不肖譬如鼠矣，在所自处耳！

（出自《史记·李斯列传》）

其实，人跟老鼠一样，决定你的层次的，不在于你本身的才能或才华，而在于你待在什么地方。待在厕所里的，就得吃屎，还吃不饱；待在粮仓里的，就可以吃粮食、大米。

我也得去找自己的粮仓！

于是，第二天，小公务员就不干了，辞职，辞别了老婆孩子，离开上蔡这个小地方，就去找他的粮仓了。

可是，那个粮仓不是谁想去就能去的，尤其是你本来在底层，是村里的。怎么办呢？这事搁在今天怎么办？考大学，考名牌大学，清华、北大、哈佛、牛津，这些名头，说白了就是个粮仓入场券。

李斯那个时期没有名校，但有名师。谁？荀子。荀子本是赵国人，后来被春申君任命为楚国的兰陵县令，他是孔子、孟子之后的大儒，是儒家思想的代表人物，他有个著名的观点，却不是儒家的主流，他说：

人之性恶，其善者伪也。

（出自《荀子·性恶》）

人性本恶，善是后天形成的。

这跟孔孟的主流观点正相反，孟子讲的是：

人之性善也，犹水之就下也。

（出自《孟子·告子上》）

人性本善，就像水天生就往低处流一样。

那么，人性究竟是善还是恶呢？这是哲学的一大命题，到今天还是说不清。不过，这是非常重大的问题，决定了人类社会治理的方向。

性恶论，强调人性恶，人是自私的，人是有原罪的，这是西方的主流认识。那么，怎么办呢？就得想办法完善法律制度，来约束人的行为。

性善论，强调人性善，这是孔孟儒家的认识，是东方主流的认识。既然人性是善的，那么，尽量引导人把善发扬出来就可以了，所以就强调以道德和教化为主，来治理社会。

这不是孰优孰劣的问题，而是一个问题的两个方面，**孔子所谓：执其两端，用其中于民**。今天，东西方的社会管理者们应当好好思考一下孔子这句话。

李斯拜到荀子门下学习。学什么呢？

学帝王之术。

（出自《史记·李斯列传》）

荀子当时只是一个小县令，却教人帝王之术。先秦诸子百家，多数出身于士这个阶层，士类似于平民，可他们的学说，却是在讲治国平天下的帝王之术。这是中国文化一个有趣之处，中国文人都揣着一个做帝王师的梦想，都想致君行道。

几年后，李斯学成，向荀子辞行，讲：

诟莫大于卑贱，而悲莫甚于穷困。

（出自《史记·李斯列传》）

最大的耻辱莫过于卑贱，最大的悲哀莫过于穷困。老师，我已经受够了。现在秦国要吞并天下，正是我实现人生梦想的机会，我去投奔秦王了，您老人家多保重吧。

李斯到了秦国后，先投在吕不韦的门下，大得吕不韦的欣赏。吕不韦将其举荐给秦王嬴政，被封了官，一举完成了从茅坑老鼠向粮仓老鼠的飞跃。

吕不韦倒台后，秦国下逐客令，李斯差点又被打回底层，却因祸得福，凭一篇《谏逐客书》得到秦王赏识。这是李斯的第二个故事。

李斯的第三个故事是害死他的同学——大思想家、法家的集大成者韩非子。

韩非子也是荀子的学生，荀子有三个著名的学生：李斯、韩非子，还有一位以后再说。

韩非子是韩国公子，王室子弟，口吃结巴，跟人说个话很费劲，但能写，思想文章了不得，让李斯自叹弗如。依我看，论文章写得生动精彩，先秦诸子百家谁都比不了韩非子，只有庄子跟他有一拼。所以，当年一起在荀子手下学习时，李斯就非常嫉妒韩非子。不单纯是从才华方面嫉妒，你想，李斯是村里来的，在社会的最底层，而韩非子是王室贵族，吃的、用的，方方面面都有差距，那种羡慕、嫉妒、恨，在所难免。

韩非子在跟荀子求学之前，已经受过良好的教育。当初，韩昭侯曾任用法家人物申不害变法图强，而法家思想又受黄老道家的影响。所以，韩非子思想的底子是黄老和法家，他的两篇文章《解老篇》与《喻老篇》，都是解读老子《道德经》的经典之作，比后世魏晋时期的大学者们的解读都要高明。韩非子跟荀子也是学习"帝王之术"，他继承了荀子的性恶论，对儒家强调的仁义道德并不感兴趣，他甚至讲过一个小段子：

> 夫婴儿相与戏也，以尘为饭，以涂为羹，以木为胾，然至日晚必归饷者，尘饭涂羹可以戏而不可食也。道先王仁义而不能正国者，此亦可以戏而不可以为治也。

（出自《韩非子·外储说左上》）

大意是说，小孩子们在一起过家家，和泥巴"做饭"，又是"馒头"，又是"汤"，又是"肉"，真是一桌好"饭菜"！可是，天黑了，真饿了，这饭菜能吃吗？不能吃，还得回家吃去。儒家的那套仁义道德就是这么回事，过家家，玩玩可以，不能当真。

韩非子跟荀子学成之后，回到韩国，数次上书韩王，希望用自己的思想理论帮助复兴韩国。

而韩王对韩非子的思想没有兴趣，他可能感觉韩非子是自己看着长大的，又是个小结巴，能懂什么？王位也不能传给你，你也排不上号，你闹腾什么？

韩非子很郁闷。怎么办？一个思想家想用思想来影响社会实践，大致有两条道。第一条道是做帝王师，致君行道，面对面搞定君主，让君主接受自己的思想，按着自己的思想去治国。做帝王师这条道，韩非子走不通了。他只能走第二条道，就是给思想找一个载体，通过这个载体传播出去，传于天下，甚至传于后世。就是不只对君主一个点了，不再点对点，而要改成点对面！用什么载体呢？互联网、卫视、电台、报纸，这些载体当时都没有，只有一

样，就是书。

于是，韩非子发愤著书，把自己平生所学、所思、所想写成一部《韩非子》。全书共十多万字，可能也是先秦诸子百家著作中字数最多的一部著作。《老子》五千言，不过五千多字；《论语》只有一万多字；《孟子》《庄子》，也都是几万字。《韩非子》字数最多，信息量最大。

有句话叫"墙里开花墙外香"。韩非子的这套思想，自家的韩王看不上，写成书后，一传播，有个外国的王却看上了，迷上了他的思想，成了他的粉丝。谁？秦王嬴政。嬴政拍案叫绝：

> 嗟乎，寡人得见此人与之游，死不恨矣！
>
> （出自《史记·老子韩非列传》）

这个思想了不起！写得太好了！作者是何方神圣？我这辈子要是能跟他交往，死而无憾。

李斯在旁边说：启禀大王，作者是我师弟韩非，韩国的公子。

嬴政的思维方式很特殊，他立即下令：来人，派兵，去把韩国狠狠地打一通！

韩国被打蒙了：这不按常理出牌啊，正常不是这时间打我啊。咋回事呢？

韩国派使者去向秦国求饶。这名使者从秦国回来后，禀报韩王：我去不管用，秦王点名要公子韩非去。

于是，韩非子便来了，来到秦国面见秦王嬴政。他的心情复杂，对于秦王，一方面是国恨家仇，秦国年年打韩国，要把韩国灭掉，另一方面，秦王又是自己的一个知己。《吕氏春秋》有个说法：

> 天下轻于身，而士以身为人……贤主必自知士。
>
> （出自《吕氏春秋·不侵》）

对一个人来讲，生命是重于天下的，因为生命没了，便什么都没了。可是，士能以身许人，为了自己的君主或者首领而拼死力，献出生命。凭什么？就凭"知遇"二字，所谓"士为知己者死"。秦王那么欣赏自己，而且他掌握的资源比韩王要多得多，很可能会掌控整个天下。如果这个人践行自己的思想，那不是更伟大的价值实现吗？

还有一方面是，他还要讨好秦王，争取能让秦国放韩国一马。

他本来就是结巴，怀着这么复杂的心情，那得结巴成什么样子啊？

秦王大悦，终于见到自己的偶像了。不过，肯定也会有一丝遗憾。人总是"相见不如怀念"。我们看书，不论小说、诗歌，还是哲学，看的都是经过修饰的文字，通过文字去想象作者，作者常常会被大大地美化。就像电影里的明星，跟他生活中是两码事。总之，秦王嬴政，并没有一下子拜服在这位偶像脚下，既没有封官，也没有许愿。

而李斯坐不住了，他对韩非子是真了解，真服气。心想：秦王跟韩非子头一回见面，心底还有顾虑，以后交往多了，以韩非子的才学，肯定能把秦王给征服了。等那时候，我还不得靠边站。

于是，韩非子头脚走，他就在背后捅刀子了：大王，您可别被韩非子忽悠了，他的水平再怎么高、思路再怎样好，那也是向着韩国的，他是韩国公子，不可能真心实意给秦国效力。他现在对您、对秦国已经有了个大致的了解，稍后若是回到韩国，那等于放虎归山，对秦国非常不利！

嬴政心头一震：有道理，你看怎么办？

李斯把心一横：大王，我看不如找个借口，杀之！

嬴政刚才还沉浸在初见偶像的喜悦之中，现在就来讨论杀偶像，心里仿佛坐过山车一样，他思量一番：这样，先别杀，先把韩非子关起来吧。

于是，韩非子被以一个莫须有的罪名关进大牢。他不知道内幕，还指望老同学能搭救自己，要求见李斯。而李斯派人给他送来一杯毒酒：老同学，我只能帮你到这儿了，帮你落个全尸，别的帮不了了。韩非子叫天天不应，叫地地不灵，最终在牢里自杀。

第十八回 东方帝王术

对于韩非子之死，司马迁在《史记》中表达了极大的同情和惋惜，他讲：

余独悲韩子为《说难》而不能自脱耳。

（出自《史记·韩非列传》）

说难，说服之难。《说难》是《韩非子》的名篇，专门讲向君主游说、讲谏、进言之难。你再怎样赤胆忠心，再怎样能说会道，也很难说到君主心里去，很难应他的心，而且一不小心，就可能惹来杀身之祸。

《史记》引用了整篇《说难》，一字不落，足见司马迁对韩非子的看重。 因为，司马迁感同身受啊，他就是因为替朋友说情，惹怒了汉武帝，被施了宫刑。就这个事，用《说难》里的一个说法就是，"君主有逆鳞"。

什么叫逆鳞？传说世上真有龙，同牛马一样，也能被驯化，人可以驾驭，可以骑在上面，就跟骑驴似的，想往哪儿飞，就往哪儿飞。可是，龙身上有个地方千万不能摸、不能碰，就是在它脖子下面，有块逆鳞。一般的鳞都是从上往下，顺溜的，而逆鳞是反着的，有一尺来长。你骑着这个龙，本来它很听话，可是你不小心碰上这块逆鳞，龙立即就会暴怒，把你吃了。君主跟这龙是一样的，有逆鳞。

《说难》中还有几则小故事，都很经典：

第一则故事：

有个财主，大雨把他家的墙给冲坏了，出现了一块大缺口。

财主的儿子说：爹啊，咱得赶紧把这段墙修好，要不然准得招贼进来。

他的邻居也来提醒：老东家啊，您得抓紧修墙，可别让贼进来。

财主不着急：过两天再说吧。

结果当天晚上，真就被偷了。

财主：呀，真进贼了！我儿子真是太聪明了，有预见能力，看问题看得准。

财主夸完了儿子，开始想：谁偷的呢？准是那个邻居，他早就盯上了，还假意来提醒我修墙，就是为了放烟雾迷惑我，他好摆脱嫌疑。

这个故事说明一个道理：同样的意见，经由不同的人提出来，给君主的印象可能是截然相反的。

而同一个人同样的意见或表现，在不同的时间给君主的印象也可能是截然相反的。

　　第二个故事讲的就是这样一个例子。主人公是春秋时期的卫灵公和他的男宠弥子瑕。卫灵公把弥子瑕养在宫里，极尽宠爱。一天夜里，弥子瑕老家跑来一个人：哎呀，弥子瑕，你快回家吧，你老娘病得快不行了。

　　弥子瑕慌了神，立即招呼卫灵公的车夫：快送我回家。我已经跟国君汇报了，他让我找你的。

　　然后，弥子瑕坐着卫灵公的车，夜出宫门，回了家。实际上，他根本没来得及找卫灵公，他这是"矫诏"，假传旨意，在当时这是重罪，要被施以刖刑。

　　可是，卫灵公知道这个情况之后，非但没有怪罪弥子瑕，反而大加赞扬：弥子瑕真是个大孝子，因为着急回家看望母亲，连这么重的刑罚都不怕。

　　还有一次，卫灵公和弥子瑕在果园里游玩，弥子瑕摘下一个桃子咬了两口，感觉很好吃，随手给了卫灵公：大王，您也尝尝吧，可甜了。

　　卫灵公接过来，三两口就把这多半个桃子给吃了，一脸甜蜜：啊，好吃！好吃！

　　几年后，弥子瑕年老色衰，或许只是审美疲劳，卫灵公越来越看不上弥子瑕了，甚至开始厌恶。有时翻起旧账，气不打一处来：当年这小子竟敢矫诏坐我的车，还把吃剩下的桃给我吃，太可恶了！早该杀了他！

　　第三则故事也是春秋时期的事。郑武公想攻打胡人，他召集大臣们商议：最近我想发动战争，打些地盘，你们看，打谁好呢？

大臣关其思知道郑武公是想打胡人，赶紧迎合：我认为打胡人最合适。

关其思话音未落，郑武公勃然大怒：你放肆！胡人跟我们郑国这么好的关系，怎么能打胡人呢？打谁也不能打胡人。你小子竟敢出这种主意，明显是挑拨离间！来人，把他拉出去砍了。

就把关其思杀了。

很快地，胡人首领听说此事大悦，对郑武公非常感激，同时对郑国也就不加防备了。

结果郑国突然出兵，打了胡人一个措手不及，大胜后，一举占领了胡人大片领土。

郑武公这是玩了一个苦肉计，进言的关其思被作为一颗棋子，给牺牲掉了。

这个故事里的道理，真是让人无语。所谓"伴君如伴虎"。你永远不要高估自己在国君心中的分量，也不要高估自己在其他人心中的分量。《周易》所谓：

易其心而后语。

（出自《周易·系辞下》）

易其心，就是交心，你得真正了解对方的心思，才能给对方出主意、提建议。

关其思的故事是韩非子冷酷的东方帝王术的一个缩影。韩非子的思想给人一个强烈的印象就是冷酷，冰冷残酷。读他，不像读孔子的《论语》，能感受到一种人性的温暖，诸如温良恭俭让、忠恕等，都是人性善的那一面。韩非子更多是讲人性恶的那一面，弱肉强食，你死我活。最极端的一个例子，是他在《备内》篇所讲——备内就是防备内部人的意思：

> 人主之患，在于信人。信人，则制于人。
>
> （出自《韩非子·备内》）

君主最大的危险在于信任别人。你信任谁，就会受制于谁。老婆孩子都不能信任。

> 夫妻者，非有骨肉之恩也，爱则亲，不爱则疏。
>
> （出自《韩非子·备内》）

夫妻本来也没有什么血缘关系，有感情就亲密，没感情就疏远，就是陌路。

> 丈夫五十而好色未解也，妇人年三十而美色衰。
>
> （出自《韩非子·备内》）

君主，作为男人，到五十岁仍然是好色不减的。而王后，作为女人，过了三十就走下坡路了，就可能色衰而爱驰。这时，对于这个王后来讲，便会面临一个生死危机。为什么呢？因为，君主可能喜欢上别的更年轻貌美的女人，然后把新人立为王后。她这个王后就得被废掉。而且，更要命的是：

> 其母好者，其子抱。
>
> （出自《韩非子·备内》）

在一夫多妻的情况下，丈夫喜欢哪个妻妾，那个妻妾生的孩子就会被喜欢。王后一旦被废，王后生的儿子，本来是嫡子、太子的，也可能被废，丧失接班即位的机会。从而，彻底败给那对新起的母子。未来，因为曾是竞争者，便可能有杀身之祸。

所以，王后和她的儿子，也就是太子，都会盼着君主早死。一旦君主死了，太子即位，这娘俩才算安稳了，才没有了危机。所以，

人主不可以不加心于利己死者。

（出自《韩非子·备内》）

君主一定要留心"利己死者"，就是要看看，如果自己死了，对谁有利，就要提防这个人。所谓：

备其所憎，祸在所爱。

（出自《韩非子·备内》）

人们都花心思防备自己憎恨的人、敌对的人，可真正的祸患，往往是自己喜爱的人给造成的。是你喜欢的人害了你！

是不是赤裸裸、血淋淋？夫妻之情、骨肉亲情，这都是人心里最柔弱的地方。这是最嫩的、最敏感的肉，韩非子照样在上面动刀子，动他思想的手术刀。

他是夸大其词、耸人听闻吗？不是，他讲的都是真事，这就是人性！海尔的张瑞敏有个说法：管理，兜兜转转，最终还是"人性"二字。从这一点来讲，《韩非子》绝对是一部伟大的管理思想

著作，他对人性的思考是最深刻的。

而且，可贵的是，他是用很多生动的故事来表达思想的，他简直是个"故事大王"。比如，自相矛盾、滥竽充数、守株待兔、扁鹊见蔡桓公等，好多经典的故事，都是出自《韩非子》。《资治通鉴》收录的很多故事，出处也是《韩非子》。比如，靖郭君"海大鱼"的故事，韩昭侯杀典冠的故事，等等。

三家灭智伯的故事，他也提到了，他评论智伯的教训在于：

祸莫大于不知足。

（出自《老子》）

这是老子的话，人生的祸患都是因为不知足。韩非子对老子的研究太深刻了，韩非子虽然是法家的代表，可他的理论基础是道家的，是黄老。《黄帝四经》开篇第一句就是三个字：

道生法。

（出自《黄帝四经》）

这三字讲明了道家与法家的关系，法家是从道家衍生出来的。《史记》也是把老、庄、申、韩列在同一篇传里，即老子、庄子、申不害、韩非子是一个系统的。所以，韩非子批儒家、批墨家，唯独不批道家。他批儒、批墨，有句名言：

儒以文乱法，侠以武犯禁。

（出自《韩非子·五蠹》）

　　墨家发展到后期成为一种侠义之士的群体,武侠小说里这一帮、那一派的,体现的就是墨家的传统,它是一种与君权政府对峙的民间力量,也就是"以武犯禁",这与韩非子的法治思想是相悖的。儒家是玩文的,有一大套德治的思想,也包括限制君权的思想,这套思想总想凌驾到法治思想之上,而且有很多形式化、理想化的东西,这些都是被韩非子讨厌的。

　　后世,儒家占了主流,执政的大臣们都是读儒家的经书长大,他们对韩非子便比较抵触。而且,韩非子把君臣之间的关系描述得太过紧张,他讲:

　　黄帝有言:上下一日百战。

(出自《韩非子·扬权》)

　　臣之所不弑其君者,党与不具也。

(出自《韩非子·扬权》)

　　上下一日百战。君主与大臣之间,每天都经历无数次无形的交锋,大臣之所以没有弑杀君主,只是因为他的党羽没具备,没条件。只要条件成熟,他肯定杀了君主自己干。这可不是耸人听闻,不是凭空说的。韩非子指出:

　　周宣王以来,亡国数十,其臣弑其君而取国者众矣。

(出自《韩非子·说疑》)

自西周早期以来，灭亡的诸侯国有数十上百个了，其中，诸侯国君被手下大臣杀死的情况太多了。

皇帝要整天看这样的理论，大臣们还怎么活啊？所以，《韩非子》在后世流传中，一直不被主流的大臣和知识分子们欢迎。不欢迎，但也绕不过去，特别是他讲的法、术、势，堪称东方帝王术的三大要素，做君主、帝王，或者权臣、领导者的，都得用好这三样东西，才能玩得转。

法是什么呢？韩非子讲：

法者，宪令著于官府，刑罚必于民心，赏存乎慎法，而罚加乎奸令者也。此臣之所师也。

（出自《韩非子·定法》）

简单讲，法就是要明确写在纸上的，是臣民们都要知道和遵守的，是国家各方面管理的明确依据。"此臣之所师"，这是大臣们尤其要掌握的。

术是什么呢？韩非子讲：

术者，因任而授官，循名而责实，操杀生之柄，课群臣之能者也。此人主之所执也。

（出自《韩非子·定法》）

术，就是怎样选任官员，怎样推进工作，怎样控制权力等手段和技巧，这些不是写在纸上的，而是要灵活掌握的。"此人主之所

以执也",这是君主要掌握的。

势是什么呢?韩非子讲:

势者,名一而变无数者也。

(出自《韩非子·难势》

势是中华文化的大概念,在各种情景中都很讲究势。官场上,看谁的权势大;战场上,看谁的阵势强;市场上,看谁的形势好。下棋的,讲究"弃子取势";看风水的,讲究"山形水势";写字的,所谓"笔锋回日月,字势动乾坤"。同样讲势,而变化无穷,也就是"名一而变无数者也"。用《孙子兵法》中的话讲,就是:

势者,因利而制权也。

(出自《孙子兵法·计篇》)

势的关键在于,随时保持一种主动的、对自己有利的局面。
孟子也讲:

虽有智慧,不如乘势;虽有镃基,不如待时。

(出自《孟子·公孙丑上》)

这句话,我在拙作《人生四书》里做过解读,本书不再赘述。我研究黄老思想时,有过一个总结:**道、德、法、术、势,这是中国管理思想的核心。**

总之,韩非子的思想很强大、很务实,治国者绕不开。后世的皇权时代，台面上大讲儒家，仁义礼智信，高尚、体面，台面以下，还得是韩非子法家的这套东西管用。也就是所谓的外儒内法。说得再不客气一点，我们讲历史，讲智慧，无非是透过表象看实质，透过明规则看潜规则，最终看到的，常常就是韩非子讲的这些。

第十九回　《韩非子》里发人深省的精彩故事

　　《韩非子》里最精彩的故事是一个关于音乐的故事，所在篇目为《十过》，十过就是君主的十种过错，其中一种是过于喜欢音乐，耳朵光听音乐，就会耽误听臣民之声。于是，韩非子讲了这个故事：

　　卫灵公出访晋国，途中经过濮水这个地方，正好天色渐晚，于是搭帐篷借民居，一队人马住了下来。半夜里，卫灵公睡得不很踏实，忽然听到不远处有弹琴的声音，琴声非常美妙。卫灵公睡意全无，翻身起来。旁边伺候的侍卫们问：您睡得好好的，起来干什么呀？

　　卫灵公：你们没听到外面有琴声吗？太好听了，我得去看看谁弹的，到跟前听听去。

　　侍卫们都被说愣了：没有啊，哪有什么琴声，您是做梦了吧？我们都没听见。

　　卫灵公心里一惊：噢，奇怪了，你们去把师涓叫来。

　　师涓那是卫国的大音乐家。卫灵公喜欢音乐，去哪儿都带着师涓。师涓赶紧过来了。

卫灵公说：你听听，是不是外面有人弹琴，而且弹得特别好。他们都说听不到。

师涓怯生生地回答：确实，我也听到了，可是，这音乐应当不是凡人所弹。

卫灵公很兴奋：哦，不是凡人，那看来是鬼神之作，难怪他们这些凡夫俗子听不到。师涓，你辛苦一下，好好听听这个乐曲，把乐谱记下来，以后我慢慢听你弹。

然后，卫灵公继续睡觉去了，第二天一早，就来问师涓：怎么样，昨天夜里那个曲子记好了吗？

师涓揉揉眼：记好了，只是，细节上可能有不准确的地方，最好再听一遍。

卫灵公：好，那咱们再住一宿，你再好好听听。

到了半夜那个点，果然琴声再起。这回，师涓彻底把这个乐谱给记了下来。

随后，他们起程继续奔向晋国。到了晋国之后，晋平公设宴款待。卫灵公喝到兴头上，对晋平公讲：这次，我带着乐师来的，刚弄了一个新曲子，您听听吗？

晋平公也是音乐迷：太好了，当然得听。

于是，师涓被召上来，坐在琴台前。原本在琴台前弹琴的晋国琴师，是一位更了不起的音乐家，叫师旷。师旷腾出地方来，坐在一边上，看着师涓弹。

师涓便开始弹奏那首在濮水边听到的曲子。琴声响起，哇！太

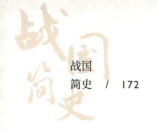

好听了！此曲只应天上有，人间哪得几回闻！晋平公和在场的人都陶醉了。

突然，师旷伸手把琴弦按住：别弹了！这是亡国之音啊！这首曲子若是听完了，大不祥！

晋平公纳闷：为什么呢？何出此言？

师旷说：这首曲子我知道，这是商纣王手下的音乐大师师延的作品，是专门给商纣王弹奏的靡靡之音。就是因为听这个音乐，商朝才灭亡的。武王伐纣时，这位师延据说是投濮水自尽。师涓，你这个曲子是不是在濮水边听来的？

卫灵公和师涓都被惊呆了，师旷竟然知道得这么清楚。师涓老实承认：确实是在濮水边上听来的。那么，请问两位国君，咱还弹不弹呢？

晋平公说：弹，这么好听的音乐，哪有那么邪乎。

于是，师涓便把这个曲子弹完了。

然后，晋平公意犹未尽，问师旷：既然你这么明白，那我问你，这曲子叫什么名？世间还有没有比这更好听的音乐呢？

师旷答：这曲子的名字叫清商。还有一曲清徵，比这首更好听。

晋平公急了：怎么没给我弹过呢？

师旷答：这首曲子必须有德义之君才能听，才能担得起，您的德薄，德义不足，听不了这曲子，于国不利。

师旷这话讲得太直了，竟然面对面批评国君。其实，这还是轻的。在《韩非子》的另一个故事中，晋平公有次喝酒喝美了，发感慨：哎呀，当国君真是爽！

话音未落，师旷在旁边抄起琴就砸了过来，幸亏晋平公躲闪及时，才没被砸到，琴砸到墙上，摔得粉碎。

晋平公吓了一身冷汗：你干什么？

师旷不慌不忙地讲：我哪干什么了，刚才我听见有小人说话，顺手就砸了。

晋平公：哪有小人？刚才是我说的。

师旷：噢，这可不是君主该说的话。

旁边人都觉得师旷过分，上前要把师旷拉下去砍了。晋平公急忙制止：放肆！师旷这是劝诫我，没什么不对的。

晋平公这么有涵养，竟然还被师旷批为"德薄"。估计，他的涵养只给了师旷，对别人就完了，因为，他是音乐发烧友，太喜欢师旷了。所以，怎么着都没事。

翻回来，接着说刚才的故事。晋平公执意要听比清商还厉害的那曲清徵。师旷执拗不过，只好遵命。琴声响起，哇！太好听了，人们立即都陶醉了。而且，远处飞来一群黑色的仙鹤，落在外面宫殿的檐脊之上，竟然都随着琴声旋律翩翩起舞，引颈而鸣。

在场的人们都惊呆了！晋平公大悦，端着酒杯下来给师旷敬酒：没想到你藏得这么深啊，今天无论如何，得把你压箱底的那些神曲都抖搂出来。是不是还有比这曲清徵更美妙的神曲？

师旷自己也被音乐陶醉，脱口而出：确实还有一曲最绝的，叫清角。这首您千万不能再听了。

晋平公一拨拉脑袋：没有你这样的啊，把人的魂都要给勾出来了，你又说不弹。那，你说说不弹的理由吧！

师旷讲：这首清角是当年黄帝在泰山之上，会合天地鬼神时演奏的一首曲子。以您的德行远远驾驭不了它，真要听了它，祸患无穷！

晋平公差点给师旷跪了：大师啊，您就弹吧，爱怎么着就怎么着吧，我这么大年纪了，别的不好，就好这口，有什么后果我也不在乎了。

于是，师旷便弹了。这一弹不要紧，琴声一起，就见西北方向黑云突起，朝着这边就压过来了。很快，整个天全黑了，雷电大作，狂风暴雨，宫殿上面瓦片乱飞，旗杆也折了，房子看着也要倒，人们吓得四散而逃。

晋平公也吓得钻到了桌子下面。事后不久便全身瘫痪。随后，晋国大旱三年，赤地绝收。

武侠电影里的"六指琴魔"，琴魔兄弟大战猪笼寨等故事灵感可能都来自于《韩非子》的这个故事。那么，为什么会有这样的故事呢？这么夸张，这么悬乎，为什么能流传呢？因为我们的文化相信，音乐对于人心，对于修身，对于治国平天下，都是有着巨大作用的。这个故事在道理上没问题，音乐用好了就能治国平天下，用不好就亡国败身。

《史记》也收录了这个故事，所在篇目叫《乐书》。《乐书》前面还有一篇叫《礼书》。这两篇文章就是分别探讨礼和乐在天下国家治理中的意义。中华文明叫礼乐文明。现在咱们讲儒家思想常说"四书五经"，而在秦汉之前都是讲"六经"的，除了诗、书、礼、易、春秋之外，还有一个"乐"，乐经，音乐之经。孔子也是个音乐大师，也是乐迷。《论语》讲：

子在齐闻《韶》，三月不知肉味。

（出自《论语·述而》）

孔子到齐国，第一次听到韶乐，就被迷住了，称韶乐是：

尽美矣，又尽善也。

（出自《论语·八佾》）

然后，他三月不知肉味，很长时间吃饭都不知道是什么滋味，整个人都陶醉在那个音乐之中。这也可见，这位中华文化的圣人多么性情。

京剧行里有句老话，"不疯魔，不成活"，孔子这么好学的人，对音乐这样着疯着魔的，当然水平就很高。《论语》讲：

子曰：吾自卫反鲁，然后乐正，雅颂各得其所。

（出自《论语·八佾》）

孔子晚年回到鲁国，对当时的诗歌、音乐进行了整理，当时的诗应当是配着乐的。当然也不见得完全对应，有的可能只有诗，有的可能只有乐。总之，他整理编定了诗经和乐经。只可惜，韶乐、乐经，还有很多古乐，都没有传下来。

《论语》里，还有一句很重要的话：

兴于诗，立于礼，成于乐。

（出自《论语·泰伯》）

这句话，我在《人生四书》里也做过解读，大致意思是：诗是形之于文字的，礼是形之于人际的，而乐是大象无形的，是最近于"道"的，最近于自然状态的，对人的影响也是最浑然深切的。

我曾经参与一次祭孔的仪式，整个场面搞得也挺气派、挺庄严肃穆的，但是，置身其间真正有感觉的时候，是那曲名为《故宫的记忆》的音乐响起之时，整个气场一下子就不一样了。后来知道，那个音乐是两位日本音乐家在二十世纪九十年代创作，心里感觉酸溜溜的。

曾国藩为自己不懂音乐而感到遗憾，因为，音乐中的旋律节奏是与军事智慧相通的。

总之，今天的管理者应当懂音乐，利用好音乐。进一步讲，美育很重要，教育孩子要注意到这一点。

接着讲《韩非子》里的故事。韩非子不单是法家的集大成者，他对诸子百家都很有研究，特别是对儒家，虽然有批判，但也有借鉴，对于儒家的一些基本价值，他也是认可的。比如，他讲的以下两个小故事：

一个是前面提到过的，魏文侯派乐羊去打中山国。当时，乐羊的儿子正在中山国，中山国被打急了，将其抓起来，给乐羊送信威胁：你再打，再不退兵，我们就把你儿子煮了！乐羊不听，继续打。中山国真就把他儿子给煮了，还把汤给送来。要搁别人，肯定悲痛欲绝，没准一病不起，中山国就解围了。而乐羊不为所动，接过汤来就给喝了。

魏文侯听说后，很感动，跟身边人讲：乐羊为了给我做事，吃了自己儿子的肉。

身边人立即回了句：他连自己儿子的肉都能吃，还有谁的肉，他不吃啊？

魏文侯心里"咯噔"一下。

最终，乐羊灭了中山国，算是给儿子报了仇，也给魏文侯立了大功，但永远失去了魏文侯的信任。

另一个故事是，鲁国大夫孟孙有一次打猎逮着一只小鹿，把它交给门客秦西巴，让秦西巴负责先把小鹿装车运回。

孟孙继续打猎，天黑回家后找秦西巴：那只小鹿搁哪儿啦？

秦西巴吞吞吐吐了半天，说：真对不起，我把那只小鹿放了。因为，我回来的时候，有只母鹿一直在车后面跟着，不住地哀鸣，太可怜了。您看，您怎么治我的罪，我都接受。

孟孙大怒，当即把秦西巴给开除了。

过了三个月，孟孙又把秦西巴请了回来，请他做自己儿子的老师。

身边人不解：您不是烦他，把他开除了吗？怎么又请他回来做您儿子的老师呢？

孟孙一笑：秦西巴对一只小鹿都那样关爱，对我儿子能差得了吗，还有谁比他更让我放心啊？

韩非子用一句话来总结这两个故事：

乐羊以有功见疑，秦西巴以有罪益信。

（出自《韩非子·说林上》）

这是什么道理呢？这个道理就是：

巧诈不如拙诚！

（出自《韩非子·说林上》）

下面，最后再讲一个《韩非子》里的故事。有一次，齐国大夫隰斯弥跟随田成子在都城内视察。这个田成子就是田氏代齐的那位，当时，他还没有弑杀齐简公。他们登上一处高台，四下看。往东看、往西看、往北看，都很开阔，那时都是平房，没东西挡着，也没雾霾，一眼能看到老远，哪家的院里有什么，都能看得清清楚楚。唯独往南看，有一家院落周围种满了大树，把整个院落都给遮挡住了。那正是隰斯弥的家。

田成子什么也没说，便从高台上下来了。隰斯弥则吓坏了，他知道田成子心里一定很不高兴。回家后，立即吩咐管家：带几个人去把咱家的树都砍了！

管家奇怪：树长得好好的，为啥砍啊？

隰斯弥：少废话，让你砍，你就砍！

管家一缩脖子，找了几个人，抢斧子就砍。

结果刚砍了两斧子，隰斯弥又给拦住了：别砍了！算了，算了，你们忙去吧。

管家更奇怪了：您怎么一会儿一个主意，到底要怎样吗？

隰斯弥低声说了一句：

知渊中之鱼者不祥。

（出自《韩非子·说林上》）

什么意思呢？《列子》里也讲过类似的话：

察见渊鱼者不祥，智料隐匿者有殃。

（出自《列子·说符》）

那条鱼在很深的水底藏着，你都能发现，这个，不祥；有人把某个想法藏得很深，可是，你能料到，那是会遭殃的。田成子还没明说不满我家的树，我就把树砍了，说明我能看出他的心思来。他现在最大的心思是要杀齐简公，他肯定也认为我知道呗，那不是逼着他要杀我灭口吗？

最后，再分享韩非子的一句话：

国无常强，无常弱。奉法者强，则国强；奉法者弱，则国弱。

（出自《韩非子·有度》）

第二十回　战国名将的悲剧

在我看来，《韩非子》是一部小号的《资治通鉴》，大有看头，不愧是法家思想的集大成者，也代表了战国思想的风格与高峰。可是，即便韩非子不死，即便他以这套思想在韩国被重用，估计也丝毫影响不了秦国一统六国的结局，韩国也难逃一亡，因为，天下大势已然，正如孔子六世孙子顺所谓：

死病无良医。

（出自《资治通鉴·周纪五》）

不论东方六国再怎样挣扎，不论有怎样的名将，或者搞什么刺杀，也无力回天了。就在韩非子死后的第七年，公元前230年，韩国被秦国灭亡。接下来的十年，其他五国也都前赴后继，一个挨一个地被灭掉。

在这个过程中，秦国遭遇的最顽强的抵抗，来自赵国和楚国。而秦王嬴政本人遭遇的一次最大的危险来自燕国。

先讲赵国。从赵武灵王胡服骑射以来，赵国的军事实力一直都很强，直到公元前262年"长平之战"遭受重创。当时，赵国只剩下老弱病残，国力空虚，近邻燕国便想趁火打劫。

公元前251年，燕王喜派使者给赵王送去很多礼物，"约欢于赵"，其实是去赵国打探虚实。使者回禀：

> 赵壮者皆死长平，其孤未壮，可伐也。
>
> （出自《资治通鉴·秦纪一》）

赵国的壮年男子都在长平战死了，他们的儿子都还没有长大，可以打赵国。

燕王喜召集群臣商议，大家一致同意，唯有昌国君乐闲反对。昌国君本是乐毅的封号，乐闲是乐毅的儿子，袭封昌国君。**可见乐毅晚场善收，他的儿子仍为燕国重臣**。乐闲讲：

> 赵，四战之国，其民习兵，不可。
>
> （出自《资治通鉴·秦纪一》）

四战之国，就是说，赵国的位置是四面受敌的，东临齐，北临燕，南临楚，西临秦、魏、韩。哪面都不消停，时有战事。所以，赵国人锻炼出来了，很能打，最好不要招惹。

燕王喜不以为然，发兵攻赵。

此时，赵国的平原君赵胜还活着，他让赵王派老将廉颇率领着老弱病残的赵军，硬是把燕军击退。还乘胜追击，一直打到了燕国都城之下，打得燕国跪地求饶，赵国才退兵。然后，平原君在这一年去世，在战国"主角们"中间，他的结局算是最好的了。

这段故事里，包含几点信息：

一是，燕王喜不是个好东西，乘人之危，落井下石，不地道。后面还会说到他。

二是，**赵国确实能打，一群老弱病残就能把燕国战败**。

三是，廉颇不愧名将。早在三十年前，他在赵惠文王手下就已是顶级名将，在长平之战的前期，他作为赵军主将，战略上是很稳健的。如果赵成王不是中了范雎的离间计，用赵括把他换下去，没准长平之战就是另外的结局。

廉颇被赵括换下来时，失去权势，人生跌入低谷，他手底下的门客们树倒猢狲散，全都转投别的大臣门下。如今，廉颇被重新起用，率军大败燕国，以前的门客们又纷纷回来，要继续跟他混。廉颇烦恶：都什么玩意儿啊，滚！

这时，有一个心腹便提醒他：您不要这样。

天下以市道交，君有势，我则从君，君无势则去，此固其理也，有何怨乎？

（出自《史记·廉颇蔺相如列传》）

人与人的交往，跟做买卖是一样一样的，你有权势，我就跟你混，你没权势，我就不跟你混，这很正常！本该如此，你有什么好抱怨的呢？

廉颇一听：有道理！好，弟兄们，回来吧，咱还是好兄弟。

所以，人情冷暖，世态炎凉，你要看淡。

然后，廉颇又得势了几年，直到公元前245年，赵成王薨，赵襄王即位。一朝天子一朝臣。赵襄王任命了一个新的将军接替廉颇，收回了他的军权。廉颇武将出身，火暴的脾气，竟然跟这个新来的将军打了起来，最后弄得在赵国待不下去，只好跑去了魏国。在魏国，魏王也不信任他，英雄无用武之地，只好每天闲待着。

赵国在接下来几年，连吃败仗，跟秦国屡战屡败。赵襄王反思，看来这个新将军水平不行，离了老廉颇玩不转。于是，派使者到魏国看望廉颇，看看年纪已经挺大的廉颇身体状况如何，是否有意回国。

廉颇明白赵王的意思，尽力表现，当着使者的面吃了十大碗米饭，外加十斤肉，好饭量！又披挂上马，挥舞兵器，展示了一番，好功夫！你看吧，咱廉颇宝刀不老！

可惜的是，这个使者早已被廉颇的仇家郭开收买。郭开要极力阻止廉颇回赵国。于是，使者回禀赵襄王：廉颇老矣，饭量尚可，只是跟我见面期间，他就上了三次茅房。

俗话说，好汉难架三泡稀。赵襄王便放弃了廉颇。

廉颇后来又去了楚国，最终，一代名将客死他乡。这不能不说是一出悲剧。

那么，没有廉颇在，秦国打赵国是不是手到擒来呢？不是，非但没有手到擒来，还吃过大败仗。为什么？因为赵国还有一位名将李牧。

战国后期，北方游牧民族匈奴崛起，李牧起先就负责在赵国北疆防备匈奴。他采取的战略是以防御为主。平日加紧练兵，而且撒出去大量的侦察兵，匈奴一旦有来侵扰的动向，李牧都能提前及时

掌握，立即坚壁清野，把老百姓们都集中到城里，牛羊粮食也都弄到城里，调动军队把城守住就可以了。

匈奴在路上遭遇不到阻击，可以很轻易地打到李牧的城下。然而，对于攻城，他们却无计可施。匈奴都是骑兵，长于野战，不善攻城。最后，粮食什么的都抢不到，只好空手而回。

匈奴当然不甘心，有时在城下骂阵：你们这些孬种，缩头乌龟，有种的出来决战，打个痛快啊。

这叫激将法。李牧不吃这套，你爱怎么骂就怎么骂，我就是不出去。他手下很多将士不服气：咱们天天练兵为的不就是打匈奴吗，出去跟他们拼了吧！

李牧把眼一瞪：谁再说出战，我就砍了他。不但现在不能出去打，即便在外面碰上了，能占点上风，能打个小胜仗，也不许打。违令者斩！

手下人们很不理解。匈奴虽然没能劫掠到什么东西，但也看不起李牧，以为这是一个胆小无能的对手。

赵王也不理解，以为李牧怯战，就把李牧免掉，召回，派了个新将军去。

这个新将军是主战派，到任之后，立即跟匈奴开了几仗。结果，一仗也没打胜，损兵折将，老百姓也都跟着遭了殃，损失很大。

赵王一看不行，还得换李牧。李牧则称病不起：我有病，实在是难当此任。

赵王只好说软话：我知道，上次免你，你窝着口气，是我不对啦。这次，你必须得去。

李牧便讲条件：您如果非让我去，必须提前讲明，我去了还跟以前一样，只防不打，我怎么干，您不能干涉。

赵王立即同意。

于是，李牧回到北疆，还像之前一样，平时加紧练兵，发展生产，匈奴来了，就防守，不打，但也不扔东西，粮食什么的，匈奴一点也弄不去。

就这样弄了几年，匈奴每次过来几乎跟旅游似的了，他们心想：反正也没什么抵抗，李牧这个尿包也不敢打，虽然没什么战利品，那也是胜仗啊，也不错。

这一年，李牧故意露了一个破绽，明明知道匈奴又来了，却好像没发觉似的，没什么防备，"大纵畜牧，人民满野"，牛羊、百姓们，都在外面撒着，都没进城。这下子，匈奴来劲了，一票人马，呼啸而来。

李牧这边仓猝应战，根本挡不住匈奴，不堪一击。匈奴大单于高兴了，以为逮着了机会，亲自带了十几万人浩浩荡荡而来。然后，便进入了李牧精心准备的包围圈。李牧带着他攒了好几年劲的大军，突然出击，"杀匈奴十余万骑"，把这支匈奴主力，一举全歼。以后十几年，匈奴再也不敢来了。

这是一个运用《孙子兵法》的典型军事案例。《孙子兵法》讲：

兵者，诡道也。

（出自《孙子兵法·计篇》）

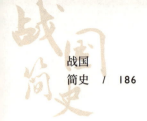

兵法，就是看谁能把谁给糊弄了。这句话有名，下句是什么？
下句是：

故能而示之不能，用而示之不用……攻其无备，出其不意。

（出自《孙子兵法·计篇》）

这不正是李牧的做法吗？

三十六计中有一计叫"假痴不癫"：

宁伪作不知不为，不伪作假知妄为。静不露机，云雷屯也。

（出自《三十六计》）

意思就是，要装傻、装尿，不出风头、不表现；而不能装聪明、轻举妄动。云雷屯，是《易经》六十四卦里的第三卦，表示一个小草芽将要破土而出的样子，这是挺艰难的过程，需要在土底下积蓄很长时间的力量，积蓄能量，也就是"静不露机"。拙作《简易经》里有一篇《六十四卦与三十六计》，对此有解读，本书不再赘述。

总之，李牧的兵法很了不起。他准备了好几年，终于打了这么一场大胜仗，这也是中国**历史上对匈奴作战的第一次伟大胜利**。

公元前234年，也就是吕不韦死后的第二年，秦国跟赵国打了一次大仗，赵军大败，被斩首十万。李牧临危受命，被调了回来，率领赵军跟秦军接着打，竟然成功逆转，反败为胜，将秦军击退。两年后，秦王"大兴师伐赵"，派出秦国主力，全力以赴去打赵国，结果如何呢？"遇李牧而还"，又被李牧给打了回去。又过了三年，公元前229年，秦国再次派出全部的精锐兵力来打赵国。这次的秦军统帅是仅次于白起的名将王翦，照样被李牧给挡住了，生生打不过。

秦国怎么办呢？明着打不过，只好玩阴的。李斯派出间谍，到赵国收买了郭开。郭开是赵王宠臣，他诬陷李牧有谋反之心。赵王信以为真，派使者去把李牧召回。李牧将在外君命有所不受，没回来。最后，赵王愣是派了两个刺客去，把李牧给刺杀了。是不是有点像后世的岳飞？以后岳飞式的人物可太多了。李牧死后，王翦率领秦军长驱直入，次年便攻克邯郸，俘虏了赵王，把赵国灭掉。

对于李牧和廉颇这两位战国名将的悲剧，我想到的一句话是：覆巢之下，岂有完卵。在这出悲剧里，赵王昏庸无能，还有个小人郭开也算是极品了，算计完廉颇，又陷害李牧。所有的悲剧里都得有这样的角色。不过，这出悲剧的本质在于：你上的就是一条破船！它已经开始下沉了，船上的人有再大的本事，那也是白搭。所以，上什么船，很重要。

古代童蒙读物《千字文》里有句话：

起翦颇牧，用军最精。

（出自《千字文》）

起是白起，翦是王翦，颇是廉颇，牧是李牧。这四位用兵最精熟，并称战国四大名将。两位在秦国，两位在赵国，这也可见赵国军事之强！

第二十一回　刺客列传

秦王嬴政在灭六国的过程中，他个人遭遇的一次最大危险来自燕国，燕国太子派荆轲刺杀他，险些得手。这个故事载于《史记·刺客列传》。作家张承志在《清洁的精神》中讲：《史记·刺客列传》是中国古代散文之最，它所收录的精神是不可思议、无法言传、美得魅人的。

《刺客列传》里讲了五位刺客：

第一位是春秋时期鲁国的曹沫。当时，齐国国君是强大的齐桓公，齐国打鲁国，曹沫作为鲁国大将，带兵抗齐，三战三败。鲁国只好割地求和。于是，齐桓公和鲁庄公会盟。两个国君正聊着，曹沫冷不丁冲上来，一把搂住齐桓公，用小刀子顶在齐桓公脖子上：都别动！动，我就杀了你们国君。

然后，谈条件，齐桓公问：这位壮士，你想怎样？

曹沫说：你们齐国恃强凌弱，我要你把侵占的我们鲁国的国土退还给我们。

齐桓公立即答应：没问题，壮士你放心，你现在只要放了手，立马落实此事，退地。

曹沫道一声"好！"，撒开手，把匕首往地上一扔，大摇大摆回归本座。"颜色不变，辞令如故"，像什么也没发生似的。

齐桓公长出一口气。手下人问：真给他退地吗？

齐桓公立马烦了：退……

他的后半句还没说出嘴，就被身边的丞相管仲拉住：且慢，您是不是要反悔？

齐桓公：我当然要反悔！我刚才是被要挟着，才答应的。

一百多年后的孔子讲过一句话：

要盟也，神不听。

（出自《论语》）

被要挟而发的盟誓、承诺，神仙也不承认的。要盟不信。

可是，管仲不这么想，他教给齐桓公：您别反悔，要的就是这个效果，即便在被要挟情况下，凡是您做出的承诺，也照样坚决信守。这样一来，就可以信义著称于天下，就能天下归心。

于是，真就退了地。这成就了曹沫，也成就了齐桓公。

第二位是春秋时期吴国的专诸。吴王夫差和越王勾践的故事世人皆知。**吴王夫差的父亲是吴王阖闾，阖闾能当上吴王，就是因为专诸帮他刺杀了前任吴王僚。**

故事要从阖闾的祖父老吴王寿梦说起。寿梦有四个儿子，依次是诸樊、馀祭、夷眛、季札。其中季札最贤。寿梦想传王位给季札，而季札让给了长兄诸樊。诸樊死后，没把王位传给儿子阖闾，

而是传给了二弟馀祭，希望以兄终弟及的形式，依次传位至季札。馀祭遵行，死后传位给夷昧。夷昧也遵行，死后要传位给季札，而季札坚辞不受。于是，

　　吴人乃立夷昧之子僚为王。

（出自《史记·刺客列传》）

　　吴王僚即位，阖闾不服：传给叔叔，我没意见，可是，再往下一辈传，应当传给我啊，我爹和我都是这辈人中的长子长兄。

　　于是，阖闾请专诸刺杀吴王僚。当时，正好有个下手的机会，吴王僚的兄弟亲信们都在外带兵，国内空虚。阖闾找专诸：赶紧下手吧，如果错过这个机会，以后就不好弄了。

　　专诸犹豫：我上有老母，下有幼子，只怕以后他们没人照管。

　　阖闾表态：你娘就是我娘，你儿就是我儿。

　　专诸：好吧。

　　这天，阖闾做好埋伏准备，请吴王僚到家中吃饭。吴王僚重兵护卫，一级戒备。专诸扮成厨子，往桌上端一盘烧好的大鱼，鱼肚子里提前藏着匕首。他松开盘子的同时，把鱼肚子里的匕首抓在手里，顺势一抬，一击即中吴王僚要害，"王僚立死"。与此同时，专诸也被吴王僚的士卫们击杀。阖闾的伏兵起来，把吴王僚的势力控制住，夺取了王位。

　　接下来的第三和第四位刺客，分别是豫让和聂政，都是战国人物，前文已述。豫让和聂政的刺杀，都体现出"士为知己者死"的精神。他俩本来都在底层，不被人待见，唯独智伯、严仲子分别对

他们另眼相看。用豫让的话讲：

> 智伯，国士遇我，我故国士报之。

> （出自《史记·刺客列传》）

智伯拿我当国士相待——国士就是一国中顶级的人物——我也要用这个标准去报答他。

聂政本是一个亡命江湖的人，"以屠为事"，身份只是一个屠户，却被严仲子看重，与之倾力结交，也是有一份知遇之情。

在正式刺杀行动之前，严仲子问聂政：要不要给你配些帮手？

聂政答：不用。人多了，这个事就不能保密了，即便刺杀成功，人们也会知道您是主使，那样，您也得搭进去。

最终，聂政不但刺杀了韩相侠累，而且"所击杀者数十人，因自皮面决眼，自屠出肠，遂以死"。那是一个惊心动魄的场面，一个人，杀了丞相，又杀了数十个保镖，所有人都被震住了不敢上前，围一大圈，把聂政围在中间。聂政从容挥刀，把自己的脸皮削下去，眼睛挖出来，剖腹自杀。这样一来，不但保住了严仲子的秘密，也保护了自己唯一在世的亲姐姐。可是，他也就不能扬名身后了。孔子有句话：

> 君子疾没世而名不称焉。

> （出自《论语·卫灵公》）

君子最怕的是，活一辈子，死了，也没有留下被人称颂的名声。豹死留皮，人死留名。聂政有这样的壮举，却连名也不要了。

而他姐姐聂荣不忍心让弟弟声名湮没，说出真相，也自杀了。这对刚烈的有血性的姐弟一起传名后世。

最后一位刺客就是荆轲，他是最著名的一位刺客。作为刺客，荆轲之所以著名有两大原因：

一是，他刺杀的对象太有名了，那是秦王嬴政，未来一统天下的秦始皇。

秦始皇注定不朽，一个人能成为他的故事的一部分，当然也会不朽。类似地，孔子祖述尧舜、宪章文武，注定不朽，于是，跟他关系亲密的学生们也都名传后世。甚至被他骂过的人，被他骂**"老而不死是为贼"**的原壤，被他骂**"朽木不可雕也"**的宰予，也都留名于世。

再举个例子，唐朝有个人叫蔡明远，他是大书法家颜真卿的一个普通的朋友，但在颜真卿窘迫的一段时期，他不远千里来到颜真卿的身边，给予帮助。分别时，颜真卿给蔡明远写了一封感谢信，记述了这段经历。这封信后来作为颜真卿书法的一件代表作传世，名为《与蔡明远帖》，被历代学书法的人奉为至宝。于是，蔡明远不朽。这是一个关于人生价值、生命意义的大问题，**要争取成为一个大事业的一部分，或者一个大生命的一部分。**

荆轲著名的第二大原因在于，他不是一个人，他的故事是一个英雄的群像。

前面几个刺客，都像是独唱歌手，荆轲则是一个乐队、一个合唱团，他背后还有好几个人慷慨赴死，使整个故事更悲壮，也更曲折。

故事起于秦国灭赵国之前，当时，赵国的北邻燕国很紧张，很明显，赵国一亡，秦军便能推进到燕国边境。怎么办呢？燕王喜急得团团转，无计可施。他的太子姬丹（又称太子丹）也着急。

太子丹早年曾在赵国做人质。

而秦王政生于赵，其少时与丹欢。

（出自《史记·刺客列传》）

当时，小嬴政也正在赵国，同是天涯沦落人，两人成为好朋友。后来，嬴政当了秦王，太子丹则转到秦国当人质。太子丹本以为嬴政会关照他，没想到嬴政一点也不念旧情。弄到最后，太子丹干脆逃回了燕国，对嬴政倍加怨恨。**人就是这样，如果没有前面那段交情，他也觉不出那么委屈来，也没那么怨恨**。现在秦国又要打上门来了，怎么办呢？

太子丹的老师鞠武认为：唯一的办法还是合纵，几大诸侯国再加上北面的匈奴，联合起来对抗强秦。

太子丹一拨拉脑袋：这个办法不用您说，我也知道，但还来得及吗？而且合纵操作起来得多费劲啊？您能否给我出个别人想不到的、快速收效的主意？

鞠武当即明白了太子丹的心思，他就点了太子丹一句：

夫行危欲求安，造祸而求福。

（出自《史记·刺客列传》）

你想通过做危险的事，来使自己安全，想制造祸乱，来换取幸福，这是行不通的。我想不出什么办法来，不过，我可以给你

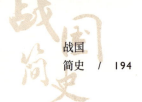

推荐一个人。

> 其为人智深而勇沉，可与谋。

（出自《史记·刺客列传》）

智深勇沉，就是有智慧，但藏得很深；有勇气，但不浮于表面。这也是曾国藩特别看重的品质，这样的人，才是可以干大事的，"可与谋"，可以和他商量一下。

这人是谁呢？就是燕国处士田光先生。处士就是自处之士，独善其身，傲视官场，不做官的这种高人、高士。

鞠武把田光的事迹介绍了一番。太子丹很兴奋：太好了，此人确实了不起！可是，他是处士，不愿意跟咱们官家打交道啊，能请得来吗？

鞠武说：这个，您放心，他不跟官家打交道，只是不屑于蝇营狗苟之事，咱现在要做大事，他肯定来。

太子丹：好，有劳您去请请看吧。

于是，鞠武便去请田光，对田光讲：

> 太子愿图国事于先生也。

（出自《史记·刺客列传》）

太子有国家大事想跟您商量。

果然，田光二话没说就来了。

太子丹迎出老远来，态度相当恭敬，倒退着为田光引路，落座时，亲自跪下把田光座位擦干净。然后开始密谈。太子丹讲：

燕秦不两立，请先生留意也。

（出自《史记·刺客列传》）

我想请您帮忙对付秦国，您看这事怎么办？

田光听话听音：请我对付秦国，不可能让我一个人去跟秦国军队打，而且我也不是将军之才，摆明了是想让我去搞刺杀。

田光摇摇头：

骐骥盛壮之时，一日而驰千里；至其衰老，驽马先之。

（出自《史记·刺客列传》）

千里马日行千里，那是它青壮年的时期，等到它老了，劣马也比它跑得快。江湖上可能有很多关于我的传说，那都是我壮年时的事了。好汉不提当年勇，我现在老了，干不了了。不过，我向您推荐一个人吧，我的朋友荆轲，他能胜任。

太子丹点头：好啊，有劳您去把荆轲请来吧。

田光讲了两字：

敬诺。

（出自《史记·刺客列传》）

好的，我一定把他请来。

说完，田光起身就走。

太子丹急忙送出来，嘱咐了一句：田先生，刚才所讲全是绝密，千万不要透漏出去。

田光一愣，低下头微微一笑，讲了一个字：

诺。

（出自《史记·刺客列传》）

好的，我知道了。

第二十二回　荆轲在等谁

　　荆轲是一位游侠。《史记》讲：好读书击剑。他既有文化，也有武艺，也有抱负。他本是卫国人，曾想游说卫国国君，也要致君行道、兼济天下。可是卫国国君看不上他。后来，卫国被秦国灭掉，荆轲四处游荡。

　　照理说，一个游侠要想扬名立万，起码打几场漂亮仗。谁牛跟谁挑战，就像武侠小说里讲的，侠客们都去争天下第一。可是，荆轲没有，他在江湖上有两个故事，都是认怂。一次是在榆次，他跟当时的大剑客盖聂论剑，不是真打，只是嘴上说，切磋剑术。结果，话不投机，盖聂手按宝剑对荆轲怒目而视。荆轲立马就开溜了，退掉客房，跑到别的远远的地方去了。还有一次，是在邯郸，他跟人赌博，中间把人家惹急了，要揍他。他又蔫溜儿了。

　　最后，他流落到了燕国，交了两个市井之中的朋友：一个狗屠，宰狗的；还有一个民间乐师高渐离。高渐离玩的乐器叫"筑"，演奏时，一手按弦，一手拿小棍敲，所以叫"击筑"。荆轲每天都跟这俩朋友喝酒，喝高了，高渐离便击筑，他是顶尖的音

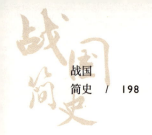

乐家，乐声慷慨悲凉，荆轲跟着乐声高歌，时而狂笑，时而悲泣，旁若无人。他们都是性情中人。

讲到这里，荆轲给人的印象是不是有点志大才疏的感觉啊？既是一个胆小鬼，又是一个酒鬼，充其量有点文艺范儿，骗骗小女生的那种。不过，当时的很多豪杰之士，包括田光都知道这只是他的一面，他的另一面是：

沉深好书，非庸人也！

（出自《史记·刺客列传》）

唐朝人张守节《史记正义》中则称荆轲是：

神勇之人，怒而色不变。

（出自《史记正义》）

对于太子丹与田光的密谈，《史记》所记极简，《史记正义》有所补充。当时田光不仅说自己老了，难当大任，同时对太子丹手下的几位勇士也一一点评：某某是"血勇之人，怒而面赤"；某某是"脉勇之人，怒而面青"；还有一位叫秦舞阳的，十三岁杀人，一般人都不敢正眼瞅他，他不过是"骨勇之人，怒而面白"；只有我的朋友荆轲是"神勇之人，怒而色不变"。

荆轲的情绪是深藏起来的，面上从来不带，别人看到他的所有表现，都不是他真实的心理状态。这还是那个词——"智深勇沉"，或者叫"藏锋"，这是中国文化很有意思的地方，真人不露相，神龙见首不见尾，深藏不露，这样的人才是高人。小人物是没能耐装得有能耐，大人物是有能耐装得没能耐。

田光与太子丹密谈回来，找到荆轲，把会面原原本本对荆轲讲了一遍：荆轲，我已把你推荐给太子，此事的分量你应当明白，我相信只有你能做到！

荆轲听完，面无表情，沉思片刻，回答了三个字：

谨奉教。

（出自《史记·刺客列传》）

好的，我听您的。

荆轲的心思到底如何？谁也看不透，田光也看不透。怎么办呢？田光接着说：你能同意太好了。刚才我从太子那里回来时，他专门嘱咐我要保守这个秘密，说明他对我不放心。

夫为行而使人疑之，非节侠也。

（出自《史记·刺客列传》）

我一直自信是一个有节操的侠，竟然被人担心不能保守秘密。我必须争回这口气，证明我的节操。希望你也要做到这一点！

说完，田光挥刀自杀。

荆轲大惊，他把田光抱在怀里：哎呀，田先生，您这又是何苦啊。您能自杀明志，视死如归，不负节侠之名，我荆轲怎能负你？

荆轲立即去见太子丹。

太子丹听说田光自杀，也很惊讶，大哭，随即跟荆轲和盘托出了刺秦的计划。他的首选目标还不是刺杀秦王，而是劫持秦王，就像曹沫劫持齐桓公那样，逼秦王退回秦国侵占各国的土地。如秦王不答应，再杀之，那样秦国就可能因为王位之争而内乱，也可以保全燕国。

荆轲沉默良久后摇摇头：此为国之大事，我没有这么大的才能，干不了。

太子丹急了，顾不上太子的体面，跪地上就给荆轲磕头：荆先生，你不答应，我就不起来了。

荆轲点头：好吧。

太子丹立即尊荆轲为上卿，住最好的房子，用最好的车马，奇珍异宝、绝色美女、世间珍奇，太子丹尽其所能，都送到荆轲的跟前，供其玩娱。唐人《史记索隐》中讲，有一次太子丹送来一匹顶级的千里马。荆轲骑了一圈，感觉很爽：太子，这马真好，跑得太快了，我听说，凡是这种千里马，这么能跑，都是因为它的肝脏特别发达。

太子丹一笑：噢，还有这说法吗，回头咱们研究研究。

到晚上吃饭时，那匹马的肝就被蒸熟了，端到了荆轲的桌上。

还有一次，他们去听一位美女弹琴，荆轲称赞那双弹琴的手长得真美。太子丹就把那双美手砍下，送给了荆轲。

总之，太子丹"恣荆轲所欲，以顺适其意"，我把你活着的所有欲望都满足了，接下来，你就抓紧时间去刺杀秦王，去赴死吧！

可荆轲没动静。他也是人，也有七情六欲、好生恶死，是不是打算能多玩一天就多玩一天呢？太子丹也不好意思催促。

可是，时间一天天过去，南边秦国已经把赵国给灭了。秦国大将王翦带着大军已经逼近燕国南境。太子丹不能再顾着面子了，于是去找荆轲：先生，我等不及了。

荆轲微笑：您不来找我，我也要去找您了。我就是在等现在这个时机，现在秦王的心思都在燕国这儿，如果我能带上两份厚礼去进献给他，他一定乐意接见我，这样就有机会下手。

太子丹：两份什么厚礼？

荆轲：一份是被秦王通缉的樊於期将军的人头，一份是燕国督亢地区的地图。

太子丹为难：督亢地图没问题，咱以此做个献地求和的样子。可樊於期将军的人头，使不得，您再想想别的办法吧。

这位樊於期本来是秦国大将，被秦王治罪，亡命出逃到燕国。太子丹顶着得罪秦国的压力收留了他，他当然不同意。

荆轲干脆自己去找樊於期：樊将军，秦王把您全家都杀了，这个仇怎么报？太子冒着这么大风险收留您，这个恩怎么报？

樊於期哭了：为之奈何？我没办法，报不了。

荆轲：我有办法，我能帮你报！

荆轲把自己的计划说了一遍，最后讲：**我得借您的项上人头一用**。

樊於期：好！谢谢先生！

樊於期当即自刎而死。

地图有了，人头也有了，太子丹又给荆轲配了一名副手，就是那位十三岁杀人的秦舞阳。另外，花重金买来一把铸剑大师徐夫人造的匕首，匕首上焠以剧毒，只要划破一点口，沾上血，就能要人命。匕首藏在督亢地图之中，卷在里面。

一切准备就绪，就该出发了吧。结果，荆轲又迟迟不动身。

荆轲有所待，欲与俱，其人居远未来，而为治行。

（出自《史记·刺客列传》）

他说是在等一个朋友，一起去，说这个朋友住得比较远，他把这个朋友的行李都准备好了。

可是，太子丹等不了了，这时他已经把所有的宝都押上来了，他没法从容淡定了，他又来催荆轲，这次话说得很生硬：您要是不打算去了，我就让秦舞阳自己先去得了。

荆轲烦了：

往而不返者，竖子也！

（出自《史记·刺客列传》）

说出去的话不能反乎其身，落实到行动里，说话不算数，那是小人。您觉得我是这样的小人吗？您觉得就凭我自己带着一把匕首进入强大的秦国，就能把秦王杀了吗？我要等我那位朋友，他跟我一起去，我才有把握做成这件事。可是，既然您这样说，那我就不等了，我马上就走。

荆轲出发了。太子与几位参与机密的门客一起为其送行。

皆白衣冠以送之。

（出自《史记·刺客列传》）

　　他们都穿着白衣白帽，一身孝服，来给荆轲送行。说明什么？这是注定有去无回的，大家都不避讳这一点了，干脆为活人发丧。他们把荆轲送到易水河边，喝酒饯行，高渐离击筑，荆轲慷慨悲歌，歌至悲凉处，人们为之流泪，歌至悲壮处，人们为之怒发冲冠。最后，荆轲上车，绝尘而去，再也没有回头。

　　风萧萧兮易水寒，壮士一去兮不复还。

　　　　　　　　　　　　　　　（出自《史记·刺客列传》）

　　荆轲到达秦国。

　　秦王听说，燕国使者带着樊於期的人头和督亢地图来了，大喜，立即召见。

　　这天，荆轲端着装人头的盒子走在前面，秦舞阳捧着地图走在后面，两人一前一后进入秦王宫。两侧兵甲林立，威严无比，杀气腾腾。秦舞阳吓尿了，果真如田光所说，他不过是匹夫小勇，在真正的大敌之前，就全完了，满头大汗，牙齿打战，两腿发抖。

　　哎，这使者是怎么啦？秦国大臣们有点起疑心。

　　荆轲走到秦王跟前，发现人们的眼神不对，回头一看秦舞阳的样子，赶紧打圆场：哈哈，大王啊，我这个随从是小地方来的人，头一次见到天子的神威，吓坏了，您多包涵吧。

　　秦王的心情好，也没多想：燕国来使，你把他捧的地图给我拿过来看看吧。

　　于是，荆轲从秦舞阳手里接过地图，上前几步，呈到秦王跟前，顺手在秦王座前的桌案上打开。当时没有纸，估计是布的，一个轴，慢慢展开。秦王低下身子，凑近了看地图。这样，秦王和荆轲在桌案两边，对着头，手都扶在案子上。说时迟，那时快，图穷匕见，地图完全打开的那一刻，匕首便露了出来。荆轲左手摁住了秦王右手的袖子，右手抄起匕首就朝秦王左胸扎过去了。

秦王竟然神奇地躲开了！这一年是公元前227年，秦王嬴政三十二岁，正是最好的年纪，也是眼疾手快。他往后一挣，袖子断了，撒腿就跑。荆轲跳起来就追。

事发突然，秦王手下的人们都蒙了。危机时刻，秦王的一个侍医抄起药囊朝荆轲扔过来，还真准，一下子砸在了荆轲脸上。这为秦王赢得了一点时间，他把大佩剑给抽出来了，一下子砍断了荆轲的腿。荆轲倒地，将匕首掷向秦王，也没有打中。下面的侍卫们冲上来，把荆轲杀死。

荆轲临死之前，仰天大笑：要不是因为想活捉你，逼你退还诸侯土地，我怎会失手？

这话靠谱吗？我觉得牵强。太子丹可以这么天真，荆轲不可能的，他之所以这样讲，无非是想维护身后之名。六百年后，陶渊明写过一首诗——《咏荆轲》：

惜哉剑术疏，奇功遂不成。
其人虽已没，千载有馀情。

荆轲之所以失败，还是因为剑术不够好，武功差一些。不过，千载有余情，他的人格魅力并不因此而折损。

因为"荆轲刺秦王"这个故事太著名了，所以，后人对其中的很多细节都进行考证，比如匕首在图里就检查不到吗？献图时没有宦官转呈吗？秦王的袖子怎么这么容易断呢？等等。不过，最大的迷是：荆轲临行之前，到底在等谁？

网上很多人也在讨论，有说等盖聂的，有说等狗屠的，说什么的都有。确实，如果另一位同样分量的英雄替下秦舞阳，关键时刻也许就能帮荆轲一把。然而，这就是历史，历史是残缺的，人生也是残缺的。残缺不好，但正因有残缺，才有回味。回味都在这残缺里面了。

故事还没完。暴怒的秦王增兵给前线的王翦，全力伐燕。燕王喜最后竟然杀了太子丹，把人头送给秦国，妄图让秦军止步。秦军哪管这个，几年之后便彻底灭了燕国。

之后，秦王下令搜捕荆轲的朋友。高渐离逃亡，隐姓埋名，在一家酒馆里面打工。有一天，老板的朋友来玩，也击筑。高渐离听着筑声，就走不动道了。可是，这哥们儿击得也太垃圾了，水平太差了，高渐离忍不住脱口而出：您这里击得不对……

嚯，你个小酒保，还懂音乐啊。你来击呗。

高渐离装不了了，音乐是命，筑是命根子。他放下这么久，魂都丢了。于是，上手就弹。筑声再起，满座皆惊：太厉害了，这才是音乐！

很快，这个酒保的名声在外，竟然传到了秦始皇的耳朵里。那时已经统一天下了，秦始皇也是音乐迷，召见这位民间的击筑大师。

高渐离真就来了，跟他的朋友荆轲一样，走到了秦始皇的跟

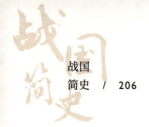

前。秦始皇当然不认识他：来吧，大师，你击一曲让朕听听。

乐声响起，秦始皇陶醉了。他正陶醉着，下面有大臣报告：此人正是荆轲的死党高渐离。

秦始皇舍不得杀，不过，死罪可免，活罪难饶，就给处了一种刑罚，把高渐离的双眼熏瞎。然后，把高渐离继续留在宫中，作宫廷乐师。

秦始皇以为饶了高渐离的死罪，高渐离会感恩，日子稍久，对高渐离逐渐没有了戒备心。有一次，秦始皇凑近了高渐离来听筑，高渐离突然抡筑便砸，他提前在筑里灌上铅了，跟大铅球一样的分量，真砸上就得砸死。可惜，没砸上。

自古燕赵多慷慨悲歌之士。荆轲、高渐离说到底都是平常的老百姓，但是，就像一句电影台词讲的：有事儿，咱得办！

荆轲在等谁呢？

第二十三回　六国为何会被秦国灭亡

　　荆轲刺秦王是在公元前227年，此前一年，秦国已经把顽强的赵国灭掉，转过年来，公元前226年，王翦率领秦军攻占了燕国国都蓟城。燕王喜和太子丹逃出，退保辽东。

　　秦王嬴政派出大将李信，继续带兵打辽东，打得燕王喜竟然把太子丹杀了，把人头献给秦国，希望争取秦王的原谅。接下来，虽然他又坚持了几年，但对秦国来讲，已经没多大意思了。

　　于是，嬴政把战略的重点转向南边的楚国。他问李信：李将军，如今燕国已是苟延残喘，魏国也是随时可灭之，齐国一直是我们远交近攻的盟友，也不足为患，唯独楚国还是大问题，我想全力以赴，先把楚国拿下来，你看得用多少兵？

　　李信一拍胸脯：最多二十万，我领着去，肯定能拿下来。

　　嬴政挺高兴：只用二十万兵就能拿下？好！

　　他又征询王翦的看法：王将军，你看，打楚国得用多少兵？

　　王翦说：非六十万人不可。

　　嬴政烦了：好家伙，老王，你是真老了，是戾了，还是要讹我？人家李信二十万兵就解决了，你要六十万，那又得举国之力啊。您歇歇吧。

王翦一撇嘴：大王，我还真得歇歇了，正要跟您请病假呢。

嬴政：行了，你回吧。

于是，嬴政给李信配了二十万大军，开始打楚国。公元前225年，正式开打。连开两次大战役，秦军都大胜。嬴政大悦：我真是用对人了，李信比王翦强太多了。

很快，第三轮战役开打，秦军惨败。李信带着残兵败将，被楚军打了回来。

嬴政又气又恼。怎么办？还得找王翦。亲自到王翦家里，赔礼道歉：老将军，都怪我光图便宜了，便宜没好货啊，以后，我只听您的了。您老人家赶紧出马吧。

王翦推托：大王，不行啊，我是真病了，真带不了兵了。

嬴政把眼一瞪：别说了！你必须去！

王翦吓一跳，立即想到了白起，赶紧说：我去，我去，可是大王，这六十万兵必须有。

嬴政点头。

于是，秦国发动了六十万大军，由王翦率领，浩浩荡荡地出了咸阳，向东开赴楚国前线。嬴政亲自送行，送了几十里路出来，送至霸上，该分手了，他客气了两句：老将军，您就放心出去带兵打仗吧。家里要有什么事，都包在我身上。

王翦竟然一点也没客气：大王啊，我还正要跟您说这个呢。我们家地太少，收的那点地租根本不够花销，您再给拨点吧。

嬴政立即表态：这没问题，哪哪那一片都给你家了，那谁，马上落实。

王翦一噘牙花子：大王啊，还是有点少。

嬴政笑了：嚯，您还挺财迷，得了，哪哪那一片，也给你家了。

王翦很高兴：太感谢了。我也不是财迷，我只是疼儿孙，想给他们攒点家业。

然后，嬴政便回了咸阳。王翦还不放心，又接连五次，打发手下人回去，去办这个赏地的事。

对此，王翦有个亲信很不理解：王将军啊，您这事做得是不是太过分了？至于这么贪财吗？就不怕把大王惹烦吗？

王翦神秘地一笑：你不懂，你不懂，我这样做，非但不会把大王惹烦，还会让他更爱我。你想，大王现在把全国的兵力都交到我手上，他能放心吗？他现在能挟制我的，只有我在咸阳的那一家老小。我就是要让他知道，我是一个多么顾家的人。

王翦跟楚国打了两年，公元前223年，把楚国灭掉。然后又用了一年时间，"悉定荆江南地，降百越之君"，占领整个中国南方。

论打下的地盘，战国四大名将中，白起、廉颇、李牧跟王翦都不可同日而语。这么大功劳，功高盖主，他最后的结局如何呢？史书没有明确写。不过，直到秦朝灭亡时，王翦的孙子还是顶级的将领。可见，他是晚场善收的，得以善终。如此功高盖主，却能晚场善收的人物，在整个历史上是很少见的，王翦做到了。由霸上这段小故事可见，他不但有高超的军事指挥才能，还有高明的政治智慧。大军事家必须也是大政治家，才能笑到最后。

王翦还有一点让人服气的，就是他的子孙后代代不乏人。他的儿子王贲几乎是与乃父齐名的秦国名将。就在李信被楚国打败的那一年，王贲带兵掘开黄河，淹了魏国国都大梁，灭了魏国。

然后，王翦正在南方打楚国、平定百越时，王贲则带兵横扫辽东，俘虏了燕王喜。

最后，公元前221年，王贲从燕境南下，突袭齐国。齐国几乎没有任何抵抗，国都临淄就被攻占了，齐王建投降。

所谓"打仗亲兄弟，上阵父子兵"。基本上，整个六国都是王翦、王贲这爷俩打下的。这真不是一般的功高盖主，但他们父子愣是跟嬴政相安无事。这也得说，嬴政是真了不起！可惜史书里没有写他们之间是怎样平衡的，不能给后世借鉴。

齐国虽然苟延残喘到最后才被秦国灭掉，但死法太窝囊，没有任何抵抗，直接投降，而且，**齐王建投降之后，还被活活饿死**。这怨谁呢？怨不得别人，只能怨自己。

前面讲过，齐襄王死后，儿子田建即位，而执掌齐国大权的是田建的母亲君王后，就是在齐襄王最落魄时跟他私订终身的那位小姐。《史记》中讲：

> 君王后贤，事秦谨，与诸侯信。

> （出自《史记·齐太公世家》）

君王后颇为贤能，她努力保持着与秦国以及其他几国的和平关系，使齐国一直置身战争之外。这对齐国百姓未尝不是好事，但这种中立的老好人的态度，却损害了六国的整体利益，成全了秦国远交近攻的战略。特别是在秦国对六国的关键一战——长平之战中，长平的赵军绝粮，后方的粮食补给线被切断，只好向齐国借粮。君王后没给，致使赵军大败。

君王后死后，**齐王建能力平平，他任命的丞相被秦国收买，派出的使者也都被秦国收买**，齐国从上到下都是"亲秦派"，坐视秦灭各国而见死不救。直到最后，齐王建竟然还幻想：

盗将爱我而不攻。

（出自《资治通鉴·秦纪二》）

这个强盗跟我好，只抢别人，不抢我，对秦军不设防御。最终，"地方数千里，带甲数百万"的齐国，**实力上几乎仅次于秦国的大国，束手就擒**。

至此，嬴政为秦国的数世攻伐画上了圆满的句号，灭掉六国，一统天下。

公元前230年，灭韩。

公元前228年，灭赵。

公元前225年，灭魏。

公元前223年，灭楚。

公元前222年，灭燕。

公元前221年，灭齐。

那么，六国为何会全被秦国灭亡呢？

司马光认为，大而言之，是因为六国没能坚持合纵：

从衡之说虽反覆百端，然大要合从者，六国之利也。

（出自《资治通鉴·秦纪二》）

苏秦提出的合纵战略，虽然在执行上有很多问题，但整体上是对六国有利的。如果六国之间少一些攻伐，多一些合作，秦国是没有机会的。

这就像《战国策》里的一个小故事讲的：天下跑得最快的犬叫韩子卢，跑得最快的兔子叫东郭逡。有一天，韩子卢和东郭逡遭遇追逐，环山者三，腾山者五，山上山下一通猛追，追了一整天。最终怎么着呢？不分胜负。追的也没追到，逃的也没逃了，都累死了。正好旁边经过一个种地的老农民，慢悠悠过来，左手一只犬，右手一只兔，白捡了。

与司马光同时代的苏洵、苏辙父子也都思考过这个问题，爷俩各自写过一篇《六国论》，都很有名。苏洵认为：

六国破灭，非兵不利，战不善，弊在赂秦。

（出自苏洵《六国论》）

意思是，六国败在割地求和。**他们根本没有拿出百分之百的决心和实力去跟秦国对抗**。打打，一看不行，便赶紧割地求和。这就像苏代讲的：

犹抱薪救火，薪不尽，火不灭。

（出自《资治通鉴·周纪四》）

割完地之后，和是和了，可实力削减了。过一段，秦国又来打，就更打不过了。而且，这不单纯是削弱一国自身之力，而是削弱了六国的整体实力。后面，坚持不割地的，外部失掉强援，不能独完，最后也都跟着败了。

如果反过来，六国即便打不过，也誓死不求和，**按博弈论的观点，横的怕愣的，愣的怕不要命的。你就豁出去，死战到底，反而可能死不了。**

苏辙的观点更具体，他指出：

夫秦之所与诸侯争天下者，不在齐、楚、燕、赵也，而在韩、魏之郊；诸侯之所与秦争天下者，不在齐、楚、燕、赵也，而在韩、魏之野。

（出自苏辙《六国论》）

意思就是，韩、魏两国是遏制秦国东扩的屏障，齐国、楚国、燕国、赵国应当从一开始就有一个决战于国门之外的意识，充分支持韩、魏两国与秦国的对抗，才是正道。

另外，还有一篇比较有名的《六国论》，是元代李桢所写，跟苏家父子乃至司马光的观点都不大一样。苏家父子和司马光的观点都还在合纵连横的框架里，还是从多方博弈的技术层面来看这个问题。在这个层面上看，智伯跟赵、魏、韩三家的博弈，与秦国跟六国的博弈大同小异。李桢的《六国论》完全换了一个角度。而且，相对于苏家文章里那种战国纵横家的气质，李桢的文章更具儒家的气概。他是从人性的角度，一针见血地指出：

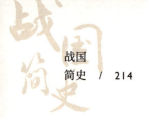

六国者皆欲为秦所为。

（出自李桢·《六国论》）

六国跟秦国都是一个德行的。对内的统治都是残暴的，孟子所谓"今夫天下之人牧，未有不嗜杀人者也"，六国的执政者都是残暴的，都嗜好杀人。它们对外也都恨不得吞并天下；天下吞不了，就吞并小国；小国吞不了，就多占些别国的地和便宜。就凭这副德行，它们怎么可能合纵联盟呢，它们永远都会陷在利益纷争之中，永远停不下彼此之间的攻杀。

对于六国的这副德行，《战国策》里有个故事讲得最生动：有一次，六国的谋士们聚集在赵国邯郸召开会议，研究要合纵攻秦。当时的秦昭王挺紧张：怎么办呢？丞相，你说怎么办？

丞相范雎笑道：大王，您搭理他们干吗，您看您养的那些狗了吗，平时在那儿躺着的躺着，站着的站着，闲溜达的闲溜达，相安无事，挺和谐的。可是，只要往中间扔上根骨头，它们就得立即掐在一块。这事您就交给我吧，瞧好吧。

然后，范雎便派了一个使者，带着五千金到邯郸，摆下一桌子酒席，给来赵国开会的那些谋士们发出请柬：只要来喝酒，就能拿黄金。结果，差不多都来了，酒也喝了，金子也拿了，那合纵会便黄了。

那么，李桢给六国有没有开药方呢？怎样才能避免灭亡呢？

他开药方了。他认为，必须从根子上着眼，要真正懂得孟子的说法：**何必曰利，仁义而已。**

　　孟子的这句话，我读过很多遍。以前总感觉有点虚、有点绕。然而，在李桢的这篇文章，读到这层意思时，我真的心头一震！我被儒家的追求打动了。怎样保持天下格局、世界格局的平衡与稳定？怎样保证世界各国之间和平发展，人民安居乐业？

　　不是靠合纵，不是靠国家联盟之间的对抗，不是靠核武器威慑，而是要在天下各国的执政与人民中都树立起一个"何必曰利，仁义而已"的共识。如果我们做什么事，只看它是不是对自己有利，而不看它是不是正义，是不是符合天下公义，那我们就永远生活在战争的边缘。

　　以上是古人的看法，下面再说说现代人的看法。钱穆认为：

　　秦并六国，中国史第一次走上全国大统一的路，此不专因于秦国地势之险塞，及其兵力之强盛，而最要的还是当时一般意向所促成。

（出自钱穆《国史大纲》）

　　他指出：商鞅、张仪、范雎、蔡泽、吕不韦、李斯等这些秦国的大功臣，都是从东方六国而来，当时的各国精英并没有一个狭义的国家民族的意识，反而都像孟子似的，认为"天下定于一"，也就是说，当时的人们心底里都有对大一统的追求。秦并天下是人心所向。

　　黄仁宇也是这个观点，他从地理和气候条件来分析，认为：战国各诸侯国几乎都在黄河流域，它们都面临黄河水患，这不是哪一个诸侯国能解决得了的，必须协同起来才行，这就促进了统一。另外，中国的气候环境也造成各区域农业发展的不平衡，比如，今年魏国全境大旱，近于绝收，而楚国则可能丰收。这样一来，要么友情帮助，要么就可能开抢开打。而统一之后，就好办了。所以，以后的中国历史，统一是常态，分裂是非常态。